涅槃経入門

横超慧日

JN151906

法藏館文庫

本書は、一九八一年七月二十日に平楽寺書店より『涅槃経——如来常住と悉有仏性』として刊行されたものである。文庫化にあたり、題名を改めた。

序

仏教は人に何を教えようとしているのか、人を導こうとする目標のその理想の境地はいったいどのようなものであるのか。これは初めて仏教に入ろうとする者にとっての第一の関門であるが、唯それだけに止まらず、最後まで仏道修行者を率いてゆく強い指導力の根源となる課題である。いま本書がここに紹介しようとしている涅槃経というのは、仏教における理想の境地――それを古来の術語では涅槃というのであるが――その涅槃の在り方を徹底的に解明しようとした経典である。涅槃という境地は無常・苦・無我・不浄の世界から完全に解放せられた常・楽・我・浄の世界を指す。仏といい如来というもこの境地を外にして別にあるものでない。この涅槃こそが仏の本質をなし如来の如来たる根拠となっている。従って涅槃は仏性であり如来性であって、それは生滅無常のものでなく普遍的な真理の世界にあるものということになる。真の如来は我執によって生死に左右せられる個の世界を越えて常住の生命を持つものであるからこそ、自身が苦がないだけでなくあらゆる衆生を護念して悉く安楽の生活に入らしめようとする力の根源となる。このようにして涅槃経では、涅槃を個人的な静止自足の境地とせず、普遍の真理に立脚した自利利他兼備の活動の源泉とする。これが、前来説いてきたように、まず第一に、釈尊は入滅せられてもそれは人を導くための応現であって、真の仏には病もなければ死もない常住であるという命題となって提起せられたのであった。

さてその次に、第二の命題として起こってきたのが一切衆生悉有仏性ということであった。これ実に涅槃経中殆ど全巻を貫いて最大の問題となったのである。すべての生命体はみな仏性を持っているというのは、あらゆるものは皆真理の中に生きているということであり、真理の中に生きている限り、真理を覚って仏となり涅槃の境地に到達することが何人にも可能なこととして認められるというのである。

涅槃経は、四十巻もある長い経典であるが、その最初において釈尊の入滅を宣言し、涅槃に入ることを死のような意味に用いて説き始められたのであったが、それは結局説法のための手がかりに止まり、実には如来常住無有変易と説き、応身仏の背後にある法身の仏を見出させることになったのであった。

そしてその上で次の命題たる悉有仏性論が展開したのである。この第二の命題は、真理は普遍なるが故に何人も覚ってみな同じように仏になり涅槃を得ることができるというのであるから一般に一切衆生悉有仏性と言われているのであるが、これに関連して当面するもろもろの問題が起こってきた。仏性が普遍だとしても、その普遍の仏性の中に生きながら全く自覚しないでいる者はどのようにしてそれを正確に見出すことができるかということで、修行の進め方が詳細にとりあげられることとなる。そしてその場合、自己のための修行だけでなく、他の苦しんでいる者に対してもその人をわが一子の如く考えて、己の生命を賭しそれを救おうとする菩薩の修行が求められる。一方ではまた、仏道の修行はあらゆる善の根本となる信があってこそ成り立つのであるが、若し信のない者はどうなるかということで、これに対する取扱いは涅槃経の中で最も苦心して説かれる所であった。信のない者を一闡提という。一闡提は極悪の四重・五逆の者より罪が重くて如何にしても度し難いとし、経の中では痛烈にその罪を糾弾された。しかし経は一闡提を度し難い者として糾弾するだけに了ることはできなかった。仏は大悲を以てそのような者にもあらゆる手段を尽くして接近し指導せられる。それゆえもともとは微塵ばかりも信ずる心を持たなかった一闡提であっても、いつしか信の心が芽生えて成仏への道が開けてくるという。かくて有名な闡提成仏の説がその結論となり、仏の本願力を明証する文として浄土教の他力信仰に強い支柱を与えることになった。日本の浄土教に及ぼした影響はまことにはかり知れぬ大なるものがあった。

以上、私は涅槃経の肝要な趣旨を挙げてみた。大涅槃とは実に、現実世界の不浄と弱体とを一掃し尽くそうとする大威神力の根源であることを、些か感じとって頂けたかと思う。この経の中には、雪山童子が貴重な教えの半偈を聞くために己の一身を投じて羅刹に与えようとした有名な雪山童子の求道物語や、一身の名利のために恩義ある父王を殺した阿闍世王が、己の罪に苦悶しつつ釈尊の方へ向かった時思いがけぬ仏からの呼びかけの声がはるかに聞えてきた、という長篇の物語などがある。また仏滅後の思想混乱と教界の堕落等に対する厳しい警告も、経の中で随処に説かれて人々の心に強い響を与えている。そうしてみると、一切衆生の成仏を説く点で一乗説の最重要根拠として古来仏教学上非常に重視せられてきたことは重大であるが、それと同時に、また濁世のために釈尊の残された慈愛の遺訓としても仏教信仰にとってどれだけ大きい力となってきたか測り知れないものがある。

今回ここに刊行することにしたこの涅槃経解説の書は、実は四十年も前に一度他の出版社から刊行した叢書の一篇であって、まだ若輩であった私が、涅槃経の概要を知りたいとの願望から、読誦の折にとっておいたメモをまとめた程度に過ぎぬものである。従って研究の成果という程のものではないが、仏教書にあまり慣れておられぬ方や、仏教学に志しつつまだ日浅い方たちにとって、これはこれなりに参考になる所があるかと思う。

そこで涅槃経が仏教学や仏教信仰の歴史の上で最高に重んじられてきた経であるにかかわらず、これまで入門書の乏しかった実状と、平楽寺書店主井上四郎氏の久しい要望とに応えて、すでに絶版になっていた本書を、敢えて補筆することなく旧稿のまま再版することにした。しかし旧稿のままとはいえ、この度の新版刊行に当たって、用字かなづかい等はできる限りは現代慣行のものに改め若い読者にも読み易くなるように配慮した。そして校正その他万般にわたって、大谷大学の木村宣彰講師は労を厭わず援助せられた。本書を世に送るに当たり、ここに要旨と経緯を記し、併せて両氏に対し感謝の意を述べる次第である。

昭和五十六年七月

横超慧日

目次

後篇　本文解説……93

涅槃経入門

前篇　総　説

第一章　序　説

古来の東洋文化の中で、最も広くまた最も長く人々の心を動かしてきた思想といえば、何といってもまず第一に仏教を挙げねばなるまい。それはただ過去の遺産というだけでなく、今日もなお深く現実の社会に力強くはたらきかけているのである。そうしてみればわれわれは、その力の源泉を探求してそれへの正しい理解を得るとともに、これによって仏教が誤った方向に外れることを戒め、もって人類福祉の限りなき拡充向上につとめるべきであろう。そのためには、仏教の聖典を学ばねばならぬことになる。

しかし仏典といっても古来日本に伝わった経・律・論は甚だ多く、その中の経だけでも大正大蔵経にして二十一巻千四百二十部がある。勿論このように厖大な部数の全部が古来一様に習学されて来たわけでなく、実際に影響の大きかったのはその中で大乗経典と称されるもののうち十数部に過ぎないのであり、すなわち法華・涅槃・金光明・阿弥陀・維摩・華厳・般若・勝鬘・大日等の諸経を挙げるべきである。私見をもってすればそれら諸経の中でも過去においてわれわれの祖先に対する感化が深かったのと、及び今後の思想界に対する貢献の可能性が大きいのと、この二点においては、涅槃経こそたとい第一とはいわぬまでも確かに随一屈指の経なりと思う。次にこのように見做される所以を少しく解説してみよう。

(一) 仏教は二千五百年前のインドに出現された釈尊の所説に起源するが、経典なかんずく大乗経典は釈尊の教説そのものの単純なる記録でもなければ敷衍でもない。釈尊の教説に基づきながらも仏とは何ぞや、覚りとはいかなるものか、ということを世代に世代を重ねて究明してきた論文の集積であって、多くの匿名思想家が仏の名において築き上げた哲学上の成果である。しかるにそこではその仏なるものが釈尊一人の称でなく、釈尊は仏の一人にすぎぬのであり、しかも仏の本質は肉身に存せず覚りを存立せしめる根本理体に求められるから、従って仏は宇宙における遍在の理法であって時間と空間をこえたものとせられるに至った。大乗仏教はすべてこのような基礎の上に立っているのである。換言すれば仏を色身において見ず法身において確認したのが大乗経典の根本特徴であるが、この法身思想の確認があったればこそ仏教は国境をこえてアジアの全域に拡がり得たのであり、やがてまた全世界に受容せられる根拠が存するのである。しかるにこの法身思想を確立して伝承的仏教を普遍的世界的仏教たらしめたものはまさしく涅槃経をもって第一とし、涅槃経が仏性・如来性を追求したのは全くこの努力に外ならなかった。爾来仏教哲学に幾多の推移があったけれども、根本基調はこの点を離れていない。ここにわれわれは涅槃経の有する重大な意義を忘れてならぬのである。

㈡　涅槃経の趣意はこれを簡単にいえば如来常住と悉有仏性なりといわれ、その意味は覚りの根拠に普遍常恒の真理が存し、しかもその真理は何人にも平等な覚醒あらしめる根源なりとの謂と解せられるものであるから、仏教においての我の自覚はこの経によって昂揚されてきた。すなわち人格の尊厳は、古来この経の流布するところの東洋の諸民族間にあまねく認識せられ来たったのである。且つ、大我にめざめて自尊性を警覚せしめられたとはいえ、その弊として安易な自負尊大に陥ることなきを得た所以は、涅槃経が一面人間性に対する深き反省を促して、平等な覚醒を要請した根本としての大慈悲心が絶えず現実生活を反照し、一闡提という名の下に宗教的異端者の度し難きを力説したことによる。したがって結局一闡提も大慈悲心の内に包摂せられることとはなったが、これが仏教をして哲学としての高さと同時に宗教としての深さを帯びさせる基となったもので、これによって涅槃経の精神は仏教中の深遠博大なる哲学組織に対して常に中枢的要素として転転発展せしめられたのみならず、特に中国・日本に来たっては救済の宗教に側面よりの刺戟を与えた。思うに将来といえども凡そ大我の自覚なき哲学もしくは人間性の反省なき宗教という如きものは不健全たるを免れず、また畢竟それ自身存立し得ざるものというべきであろう。涅槃経はこの意味において、旧来の力であった如く将来にも光となるべき意義を持つ。

㈢　涅槃経に限らず一般に仏教では正法の尊重が力説せられ、正しい法に徹底する情熱が正法専念となり正法探求となり正法護持となる。別して涅槃経における正法護持の精神は、終始一貫して最も壮烈なるものがあった。邪法は断乎として折伏すべく、法のためには刀杖を執るべしとさえ説くのである。正法を求めんとして身命を顧みなかった雪山童子の如き悲壮な説話は経中しばしば叙べられている所であり、しかもそれだけではなく涅槃経の歴史自身がすでにその気魄をもって伝来されて来たことを物語っている。涅槃経の漢訳者曇無讖三蔵は法に殉じて一命を喪い、異訳泥洹経の将来者法顕三蔵は法を求めて苦難に満ちたインドへの旅行を決行した。涅槃経の学者竺道生は正法を説いて大衆より擯斥せられ、涅槃経の注釈者浄影慧遠は法のために王者に抗諫して屈しなかった。法の正邪を弁ぜずんば已む、弁じ得てなおこれに忠実なるを得なければ世の秩序は全く維持せられぬであろう。遵法・護法の信念はいつの世にも尊重されねばならぬはずである。

㈣　涅槃経がわれわれにとって最も興味あるのは、それがまとまれるものとしての思想の成果を発表したものではない点である。この経は到達した結論を天下り的に叙述したものではない。問答論難の型によって異なる立場を批判しつつ自らの方向を開拓して行った。

従ってそこには東洋思想の典型としての大乗仏教が、いかに思惟を進めいかに論理を運ぶかということを、その動きのままに如実に示されているのである。つまり思想された結果が述べられているのでなく、思想の仕方が表されているのである。涅槃経四十巻は始終にわたって整備した体裁を具えていないが、われわれはかえってこの点に学ぶべきものを見出すことができる。思うに思想が反省される場合、結論よりも態度方法がまず第一に着眼されねばならぬからである。なおここにあわせて注意を促しておきたいのは、仏典に接する場合の表現理解についてである。世界の古典中で仏典ほどその表現の方法に苦心を払ったものはその比を見ないであろうと思われるのであって、そのために表現の巧妙さはもしこれを表面的な皮相な理解をもってする時にはかえって誤解を招くもととなり、ひいては往々それに基づく侮蔑や迷信の原因ともなっている。これは多くの仏典に習熟してよく考えれば自然と了解されるはずであるけれども、卒然として仏典に望んだ人には表現の真意が理解されず、むしろ荒唐無稽の放言として一笑に付される傾きがある。故に仏典特に大乗経典に対する時にはつとめて表現の背後にある意味を正しく了解することが肝要であって、もしよくこれをなし得たならばそこには寓意の意外に深きものがあるのに三歎せしめられるであろう。涅槃経についていえば、巻頭まず五十余種類の有情無情が説法の会座へ集まり、果ては四方の世界から無辺身と名づける菩薩が無量の菩薩と倶に来たり娑羅双樹の間立錐の余地なきまでに至ったとなしているが、表現理解の用意なくしてはすでに早やここからもう経の真意を見失うの外ない。しかるに涅槃経の中には人口に膾炙する有名な説話が甚だ多く、譬喩の夥しきに至ってはまさにその宝庫というも過言でないほどであるから、内容と密接に関連する多くの表現の意味を正しく理解することは、やがて仏教全体に対する見方を一変せしめるであろう。特に文学的にすぐれた構想を持つ本生譚や伝説は涅槃経をして経典文学の最たるものとならしめているが、古来この経がアジアの文学芸術に深刻な影響を与えた如く、今後もまたこの経から学ばれるべきものが決して尠少ではないことを信じて疑わない。

私は以上のような見解のもとに、これより涅槃経の概略を紹介することにしようと思う。

第二章　涅槃経の歴史的地位

師主釈尊が入滅せられた時、仏教の教団は限りなき哀愁に陥った。温容に接し慈愛の語に導かれて来た人々は、今や全身全霊をあげて帰依し得る頼みの綱を失ったのである。仏は日頃の生活を通して全人格的に人類を抱擁し智眼を開かしめられたのであるが、もはや明日よりは誰にか帰し何をか頼もう。尊敬すべき仏陀の高弟はなお存し、在りし日の金言は深く胸底に刻み込まれているけれども、慟哭につづく寂寥憂悶は遣るべくもない。いつも諸行が無常なりと聞くときは常套語の如くにさえ感じて来たが、今こそ痛切骨髄に徹して泌みわたり、苦なり無我なりの法印はこの時ほど切実に身近く覚えさせられたことはなかった。

しかし傷心の中に月日が経過しやや心気の平静を取り戻すにつれて、既往を悲しむの情はやがて理性的に仏陀の遺誡を三思反覆し、よって前途に光明を認めようとする努力と転換する反面、忘れんとして忘れ得ざる仏陀入滅時の悲痛なる光景は荘厳崇高の記憶として師より弟子へと転々口承せしめられた。仏陀が金口をもって説かれた諸行無常の真理は最後に仏陀の色身入滅によって実証されたとすれば、化益はまさに言説のみに限るものではない。ついに身をもって教化を完成せしめられたといわねばならぬ。八十の寿をもって双樹の下に入滅せられたのは、決して業半ばにして夭折されたとは考えられぬ。病魔に襲われて不慮の死に仆れたまえりという如きもともと到底信じ得られぬ所である。全知全能なるべき仏陀は、寿命を留めんと欲するならば自力をもってこれをよくすることもできたであろう。しかも諸行無常の鉄則に随順し従容自若として入滅したまえるは、必ずやこれを説くべきを説きおわり、なすべきをなし終えて仏事具足完了せるがために相違なく、人々はこれになんら悲歎すべき理由はなかろう。仏陀入滅前後の光景は限りなく厳粛な思い出として永久に仏徒の脳裏を消え去らぬ。しかし終始一貫化益の大目的を果たさんことに徹したまえる仏陀の生涯はそれ自身寸毫の隙なく調和した完成なるが故に、人々は哀愁の記憶として仏滅の状況を伝えるべきではなく、進んで景慕渇仰の儀表として伝承すべきではないか。

さらにまた思うに、仏陀の在世には仏陀と仏陀の教説とが不即不離の関係にあって常に教導の手を垂れられたのであるが、入滅後の今はただ耳底に残る教説遺誡のみ存して仏陀の色身にはもはや再び親炙する能わずとすれば、そもそも仏陀とは何が本質であったか仏陀の仏陀たる所以はどこにあったかが新たに疑問とならざるを得ぬ。色身が仏陀ならば、闍維し了ると共に仏陀はもはや永劫に地上より失われたといわねばならぬ。遺訓教誡はどこまでも遺訓教誡たるにとどまり、逝ける師主を再現せしむることはできない。もと仏陀が仏陀となられたのはいつからのことであったろうか。浄飯王の太子として王宮にあった悉達多は申すに及ばず、出家して六年苦行の生活に精進せられていた時の行者も、この時には未だ求道者であって仏陀ではなかった。厳密には尼連禅河の畔に静坐思惟して大悟成道したまえる時に初めて地上に仏陀現れたりというべく、従ってその刹那における内観自覚を離れては別に仏陀の本質ありとはいえぬはずである。しかし実をいえばこの仏陀も当の自覚せる人悉達多自身にとってこそ仏陀即ち覚れる人であったが、ただ自覚したのみの状態にあってはまだ世人一般には何等の交渉もない。世に仏陀出現せりとはその自覚した仏陀が己が覚りの内容をもって人を覚らしめようとされた時、換言すれば世尊が鹿野苑に至り最初の説法を試みられた時に至ってはじめて、仏陀は真に世間の光明として立たれることになったのである。この時仏陀の教説によって弟子が出来、仏法僧の三宝は成立したのであって、三宝が成ったのは先後異時ではなかった。全く同時の出現であり、教説を離れて仏陀なく、僧伽と孤立して仏陀もなかったのである。かように考えて来ると、仏陀はいかにも自覚によって仏陀となられたに相違ないがそれは仏陀の一面であって、真実には自覚して後、覚他の教説をはじめられるに及んでまさしく仏陀の全き相が現実化したといわねばならぬ。否むしろ極言すれば教説せる仏陀のみが世間にとってまことの仏陀であったというも過言ではあるまい。ここに仏陀と教説との不離一体なる関係が確立し、教説を離れては仏陀を考えることができないことが知られた。すでに然りとすれば仏陀の色身は滅せりといえども、教法が現に不朽の光として伝承されている限り遺弟は何もいたずらに悲歎懊悩に沈むにも及ばぬではないか。仏陀は教法と共に不滅であり、仏宝は法宝の中に常住なのではないか。こうして仏教徒は師主仏陀の遺された四諦・八聖道・十二縁起等の法を固く信じつつ同時に仏身観をその世代世代に応じて構成し仏伝もまた仏身観に従って変遷せしめられて行った。仏教の教理は実にかかる思惟信仰の集積して生成発展したのであるが、原初の純粋な思惟信仰は伝承口伝を重ね学派の分裂対立につれて、やがて枯渇した教義箇条とならざるを得ない。諸部派の分裂時代は仏滅後百余年を経て到来したのである。

諸部派の分裂は数世紀にわたり、教線の拡張に伴なう地域的対立も関係し、ついには本末合して二十部の興起を見た。その源を正せばみな同一仏陀の教説に基づかぬものはないが、仏身と仏説に対する思惟信仰には本来規範制約のあることなく、教説に対する解釈もまた自ずから保守と進歩の両面あるべきをもって、分裂対立はこれらの点を主題として異義を生ぜしめた。そして二十部の多きもこれを大別すれば上座部系と大衆部系とに分かち得るのであって、その中、大衆部の方では理想的立場に立ち、上座部の方では現実的立場に立った。すなわち前者が仏身仏語を理想的に見て完全無欠なものとし、われわれの心中にも本来浄性の存するのを認めていたのに反し、後者が仏身仏語を現実的に見て仏といえどもすべてにわたって完全無欠とはいい難くしかも仏と仏弟子との間には聖道において越えるべからざる差別ありとしたのは、仏滅後に到達した信条の両極端を代表するものといってよい。但し諸部派の分裂はこのように細部にわたって諸々の意見の対立を来たしたが、通じて見るときはそれらの間に一種の共通な流れがあった。それはすなわち阿羅漢果を得るのを修道の究極とし、ついには無余涅槃を得るのをもって最後の目的とすることであった。かれらの見解に従えば、仏は無師独悟して後、教化説法する聖者でなければならぬから、仏の教えに従って修学する者と教えの主たる仏とは自ずから本質的には差別がある。仏の教えに従って修学する者は声聞乗すなわち仏弟子の徒であって、声聞乗の者は阿羅漢果をこそ究極の理想となすべく、仏果菩提を得るという如きは到底思いもよらぬ所である。勿論解脱という点においては仏と異なる所はないはずであるが、資格上の差異は断じて動かすべからざるものなりとした。この見解は上座部系の学者により最も固く執ぜられた所で、この思想の起源は師主仏陀の人格に対する遺弟の限りなき景慕に発したもので、後にはその信念を教義化して仏陀を超越的に見ることになったけれども、われわれはその成立発展の過程に不自然ならざる純情の存するのを認めねばならない。信情の現実に立脚してそれを固定化しもって敬虔な随順的態度により教学の組織を構成した行き方は、頗る順当なもののあるのを感じるのである。しかし仏陀の教えを奉じて修行する者が仏陀と同じ地位に達し得られぬということは、一面からすればこれは非常に矛盾した話であり、特に仏陀説教の本意から推せば明らかに釈尊が五十年の伝道生活は人々をして自己と同一の覚智あらしめんがためであったことは疑いない。これによって仏陀の立場に帰ることを強く標榜して立ったいわゆる大乗仏教の徒は自ら仏陀たらんことを理想とし、仏となるに必要な菩薩道を開拓したのであった。般若・華厳・維摩等の諸大乗経は実にこの運動の表れで、そのためにこれらの諸経は声聞主義の立場を極度に排撃し諸法の固定的実在観をしりぞけた。法華が声聞成仏という独自の新説を高調し声聞・縁覚・菩薩の三乗がすべて同一仏乗に帰すると説いたのはこの大乗教の成仏理想精神を極度にまで発揮せしめたものである。般若や華厳や維摩等の経が菩薩道を提唱する手段として声聞乗を貶毀し三乗差別の型を襲用したのに比すれば、法華が声聞を引き上げてこれにも成仏の可能を許し大胆に一乗無差別を宣言したのは一見相反するもののように感ぜられるが、仏陀の根本精神を開顕する上より見れば決して相反したものとはいえない。むしろ般若や華厳や維摩等に一貫する大乗の立場を徹底せしめたものといわねばならぬのである。

この後、龍樹が現れて般若の空思想を整理し中観哲学を確立したが、中観哲学では八不中道の遺蕩的方面に中心思想をおき、三乗一乗の建立という問題に関しては多く触れる所がなかった。故に大乗仏教徒に残された問題としては、般若等の諸経が声聞・縁覚の二乗を菩薩乗に劣る不完全なものと判定したのを承けてその不完全なる所以を論証する一方、法華経が声聞に成仏の可能ありと論じたがその可能なる根拠を理論的に証明し、さらに進んではまた前の三乗差別の立場と後の一乗無差別の立場との両者をいかにして矛盾なく調和せしめるかということであった。これらの諸問題は単に中観仏教の継承発展のみによっては到底解決し得ないのは勿論、般若・法華のいずれをもってしてもその一方的観点からは円満な解答を下し難い所であった。なかんずく般若の空観仏教をもってしては如上の諸問題に積極的論証を下すことは不可能という外はない。ここにおいて仏教思想界は龍樹・提婆の出現を一段落とし俄然真空より妙有の方面に急転回を遂げ、大乗仏教中に論議的傾向を帯びた新機運を抬頭せしめたのであって、この機運に乗じて現れた経典こそ実に涅槃経と勝鬘経とであった。

涅槃経と勝鬘経とは全く同一の使命をもって現れたものであり、従って課題として頗る共通したものを持っている。互に離しては理解すべからざるほど密接な関係をもち、見方によっては涅槃経の所説を要約して綱要化したものが勝鬘経であるといっても過言ではないほどである。しかし何といっても勝鬘経は簡潔にまとまり過ぎるほど圧縮されているのに反し、涅槃経の方は現存の形をとるまでに幾段階の変遷を経て堆積に堆積を累ねているが故に、その論究範囲は勝鬘経に比してはるかに広くそれだけにまた重複混雑の跡も多い。

涅槃経の所論は多端であるけれども大約して、仏身常住と悉有仏性との二大眼目に帰結すると見ることができる。仏法僧の三宝一体を説き諸仏は常住にして畢竟して涅槃に入らずと説きまた常楽我浄の四義を反覆する。これらはみな仏身常住の根本義を別説したものに外ならない。仏の本体が法性・法身にありということは般若経以来の大乗仏教が主張し来たった所で、法性・法身が有為無常に非ざるは勿論であるからこの点より涅槃経が仏身常住を説くのはいささかも不思議ではない。且つ生身・色身の仏は法性・法身の仏が衆生化度のためにしばらく化現した方便に過ぎぬということも、これまた法華経をはじめ諸大乗経の常に説く所であった。故に涅槃経の仏身常住説は実は涅槃経独自の新飛躍の説でなく大乗仏教における仏身論をその進み来たった方向へ徹底せしめたものというべきで、このような仏身観が根柢となって三宝の一体もしくは常楽我浄の説が説かれたのは最も順当な展開といわねばならぬ。ただ小乗仏教の間で三宝の別体・仏身の無常・諸法の苦無常無我不浄を説き来たったのに対し、釈尊の入滅時という荘重な時期特に仏身を論ずる上には一番問題となる場面を捉え来たって小乗仏教との仏身観の相違を極端な対照的表現をもって説明したために、この仏身常住説が涅槃経の特色たる観をなすに至ったものである。

このように考えて来ると、涅槃経の純粋な特色は悉有仏性と説きすなわち仏性という従来かつてなかった問題を新たに力強く提出した所に存するということになる。この仏性義こそは涅槃経をして決定的独自性を帯びさせる説であって、涅槃経が自らしばしば悉有仏性をもって本経所明の甚深秘密の義と称しているのが決して誤らざるを知らしめられるのである。しかし涅槃経が悉有仏性と説くのはたまたまゆえなくして現れた突飛の説ではなかった。それは仏性すなわち仏の仏たる本質根拠を究明した結果であって、畢竟如来常住の法身思想が展開したものに外ならぬ。すなわち如来の如来たる所以を究めて法性という理法に到達した結果、それが一面には超時間的なものとして如来常住と表現せられ、一面には超空間的なものとして仏性の普遍すなわち一切衆生悉有仏性が説かれるに至ったのである。しかして涅槃経は実にこの仏性を論ずることによって菩薩乗と二乗との差異を論証し得たと同時に、また他面法華の説いた声聞成仏の根拠をも説明し、さらにまた三乗差別と一乗成仏との調和をまで図ることができたのであった。涅槃経に従えば、悉有仏性であるが二乗はこれを知らず、ただ菩薩乗の至極たる仏のみ初めて完全にこれを知る。故に涅槃経よりするも二乗と菩薩乗との優劣は断じて動かすべからざる差異が存するのである。

しかしいやしくも仏性の悉有なる限り二乗はいうに及ばず極悪の一闡提といえども、この普遍遍在の仏性によってついには成仏し能わぬという理はない。これによって一乗成仏もまた確かなりといわねばならぬ。しからば仏性を知ると否とによって三乗の別は生ずるが、仏性を知ると否とは仏性の具と不具とには関する所なく、仏性を知らぬ者も仏性を欠くとはいえないが故に、自身本具の仏性を知らずして極悪不信の人となっている一闡提もそれが不信の域を脱して仏性を信知するに至らば、彼が成仏の実を挙ぐべきこと毛頭疑いを容れない。一闡提なお然り、二乗が二乗の域を脱して成仏すべきことはもとより贅言の要がない。かようにして三乗差別は仏性の悉有という原理によってそのまま直ちに一乗成仏と矛盾なく調和せしめられることができたのである。

涅槃経における仏性は勝鬘経にて如来蔵と説かれる。涅槃経に従えば仏性は煩悩に覆われているが故に見るを得ずとなし、この意味において仏性・如来性をまた如来蔵とも称しているが、それは勝鬘経が無量煩悩蔵に纏われているを如来蔵とし、煩悩蔵より出たるを法身と名づくというのと異なる所がない。三乗を壊せずして一乗を説くこともまた勝鬘・涅槃の一致する所で、三宝の一体を説くことも彼此共に同じい。思うにこれらは独立の分離した問題でなく、根本を同じくして内的に連関する教義上の差別相に外ならぬからである。従って不思議変易死を説き五住地の煩悩を説けるが如き、細部においては勝鬘経が勝鬘経として独自の領域を有することを否定し得ないが、しかもその方向が涅槃経と共通する大道に沿って進展せしめたものであることも看過し得ぬ所であるから、われわれは二経の間に成立史上密接な関連ありしを察せしめられるのである。二経の中国における翻訳の時が二十年前後を隔てるのみであったのは、けだしこの間の消息と相応する。

その後、仏性・如来蔵の思想は発展して、最も著名なものとして楞伽経と起信論とを生ぜしめた。その中、楞伽経は涅槃経の後に起こった瑜伽派の阿梨耶識思想をとり入れると共に、如来蔵説をもってこれに調和せしめたのであった。すなわち楞伽経にては阿梨耶識と如来蔵とを同一としているのであり、それだけ仏性・如来蔵の意義に新しい内容を加えて来たのである。楞伽経が声聞乗・辟支仏乗・如来乗・不定乗・無性乗の五種乗を説く中、その第五の無性乗は一闡提のことであるが、この一闡提を、永久に仏種なきものとはせず、彼の一切善根を捨てた闡提ももし諸仏善知識等に値って発菩提心すれば善根を生じて涅槃を証すといっているのは、これ全く瑜伽系の五姓各別思想と本質的に異なる所であって、それが悉有仏性の原則より闡提成仏を主張した涅槃経に負う所大なるは疑いない。特に慈悲精神に立脚して食肉を厳重に論難している如きは明白に涅槃経の如来性品を継承したもので、その他の点においても涅槃経の根本義が楞伽経中あまねく浸潤していることを痛感せしめられるのである。

次に起信論についていえば、この論では如来蔵を阿梨耶識と一致せしめる所よりさらに一歩を進めてこれをまた真如と名づけ、この真如が根元となって現象界生ずといういわゆる真如縁起論を提唱した。それは後世永く仏教哲学中に、瑜伽系仏教の阿梨耶識縁起論と対抗する一流派を興隆せしむることになったのである。勝鬘経では如来蔵によって生死ありといい生死の根柢には法性・真如の存することを説いたが、起信論ではそのよってあるという相依の関係をよって起こるという縁起の関係たらしめた。この点に起信論の最大の特色が存するが、しかもその真如たるや一切の凡夫・声聞・縁覚・菩薩・仏にみな本来具わるものであって、常楽我浄の徳を具え如来蔵とも名づけられ如来の法身とも名づけられると称している所をもって見れば、起信論の真如が涅槃経の仏性及び勝鬘経の如来蔵に起源を有すること全く明瞭なることが知られるであろう。

涅槃経に対しては、世親の作といわれる涅槃論及び涅槃経本有今無偈論が漢訳されて大蔵経中に現存し、実はそれが世親の作でなく中国においての撰述と考えられるからインドにおいて涅槃経の注釈は或いは一部も作られなかったかも知れぬが、しかしこの経の後の仏教思想に与えた影響に至ってはまことに測り知れぬ大きなものがあって、ただ涅槃・勝鬘・楞伽・起信の三経一論だけについてみても、これを除いては仏教思想史がいかに大きな間隙を生ずるか、けだし思い半ばに過ぐるものがあろう。

第三章　涅槃部の経典

涅槃経は大正新脩大蔵経の第十二巻に収まっている。すなわち大正大蔵経の第十二巻は宝積部下と涅槃部全体とをもって一巻を占めているが、涅槃経はその涅槃部の中の一経となっているのである。

大正大蔵経は正続合わせて八十五巻あって、その中には経・律・論あり経・律・論の注釈あり諸宗教義の綱要書あり史伝あり目録あり事彙ありさらに外教のものまで包含しておってまことに厖大な内容をなしているが、これら多数の中で仏教教理の根本源泉となるものが経・律・論の三蔵であり特にその中でも第一の経であることはいうまでもない。その経は大蔵経中で全二十一巻の分量を占めているが、大正大蔵経ではこれを独特な新しい分類法によって阿含・本縁・般若・法華・華厳・宝積・涅槃・大集・経集・密教という十部に分かった。これはほぼ経典成立の歴史的順序に従ったもので、大体上阿含部は最も古く、般若・法華・華厳等はこれに次ぎ、涅槃・大集はやや新しく、密教部のものは成立が最も遅いということになる。右の十部の中で般若部と経集部と密教部とは大正大蔵経で各々四巻を占め多くの経を有しているが、一番少ないのは法華部と涅槃部で、法華部は華厳部の上と合して大正大蔵経の一巻を成し、涅槃部は宝積部の下と合して大正大蔵経の一巻を成しているに過ぎない。所属経典の部数からいっても、法華部に入るものはわずか十七経であり、涅槃部に入るものも二十三経を出でぬ。これを経集部の三百二十三経、密教部の五百七十三経に比すれば相違の隔段なることが知られる。

しかし所属経典の数は少ないが法華部と涅槃部とは大蔵経中頗る重要な地位を占めている。それは法華経と涅槃経とが古来インド・中国・日本の仏教学上他に比類のない重要な役割を果たして来たためで、それ故に明治の初期に出た縮刷大蔵経においても経を大乗経と小乗経と秘密部とに分けた中、大乗経はこれを天台大師の教判に従い華厳・方等・般若・法華・涅槃の五部に分類し、法華部・涅槃部を大乗経の至極とするような位置に配列しているのである。

さて涅槃部は現今の大正大蔵経によると二十三経を収めているが、縮刷大蔵経では十六経を挙げているのみであり、唐の智昇が作った開元釈教録という目録を見るとわずかに六経を列ねているに過ぎない。何故にこのような相違があるかといえば、開元録や縮刷蔵経では大乗と小乗とを区別して大乗菩薩蔵の涅槃部のみに限ったのに対し、大正大蔵経では大小乗の区別を設けぬ為に多くなっているのであり、また開元録では涅槃の時に臨み仏が説かれた経にして重訳の存するもののみを涅槃部としたのに対し、縮刷蔵経では明の智旭の閲蔵知津の説に従い如来の常住を説く経はみな涅槃部なりとしたために十部の増加を来たしているのである。すなわち同じく涅槃部といっても標準の推移によりこのような所属仏典の数に変化を見ることになったものであって、元来がこれは華厳部の経これは法華部の経これは涅槃部の経というようにすべての経について一々客観的な所属を指示する標識があるわけではなく、分類する者が標準を自ら定めその標準に従って帰属を判別するに過ぎないから、結果はかなり主観的なものに左右され帰属判定に多少の異同を見るのは免れない所である。故に今日の如く大乗・小乗を厳密に区別することの意義が頗る疑問視されて来た時代としては、大正大蔵経によってなされている如く、かつては小乗の部類に入れられていた経でもいやしくも仏の涅槃に関説するものは悉くこれを涅槃部の経とする方が適当といわねばならぬ。智旭は閲蔵知津の中で、遺教経等の如きはこの時の説であるがこれは小乗の機の所見であるから阿含に帰せしめるといって涅槃部に入れていない。これなどは全く天台の五時教判を基とした説であるから、今日の一般仏教学の立場にとって不適当とされるは勿論であり、遺教経等も同様にすべて現今では涅槃部に入れられることになっているのである。

それでは今日仏の涅槃に関する経は一切悉く涅槃部に収められているかというに、またそうというわけにもゆかない。大正大蔵経の阿含部の中には仏般泥洹経・般泥洹経・大般涅槃経というような経が入っており、長阿含経中の遊行経は仏の涅槃の時の光景を詳説したものとして有名である。これらの経も仏の涅槃に関する経である理由よりすれば当然涅槃部に入るべきはずであるが、それが阿含部に入っているのは別に理由がある。けだし遊行経は最初から長阿含中の一経となっていたもの故、内容上の理由によりその経だけを長阿含の中から抜き去って涅槃部に入れることはできず、従って遊行経は必然阿含部に入るのであるが、前記の仏般泥洹経・般泥洹経及び三巻大般涅槃経は実は遊行経と同本の異訳であるが故に、遊行経を阿含部に属せしめたとすればこれらの経もまた当然阿含部に属せしめねばならなかった。このような理由によって仏の涅槃に関する経が阿含部中にもあって、涅槃部だけに網羅されておらぬという結果になっているのである。

そこで仏の涅槃に関する経典は涅槃部の二十三経の外に上記阿含部の四経を加えて都合二十七経となるが、その内容は区々雑多であって成立の早きもあれば遅きもあり重要さという点でも決して同等とはいえない。故に今これらを一々詳説することはその要を認めぬけれども、二十七経の名を列挙して簡単な解説を附しておくのもあながち無意味ではなかろう。

(1)　大般涅槃経四十巻　北涼曇無讖訳

(2)　大般涅槃経三十六巻　宋慧厳等（依泥洹経加之）

(3)　仏説大般泥洹経六巻　東晋法顕共仏駄跋陀訳

(1)が通常いう涅槃経であって曇無讖が北涼で訳した原のものであり、(3)はそれより少し前に法顕が仏駄跋陀と共に訳した経で普通六巻泥洹経と呼ばれているものである。六巻泥洹経は四十巻本涅槃経の初五品に相当する。(2)は四十巻本涅槃経を基とし六巻泥洹経を参照して一致する部分の品名を細設し調巻を改め多少字句を修正したにとどまり、巻数は三十六巻となっているが内容上では別に新しいものではない。流布した地域により四十巻本の経を北本といい、三十六巻本の経を南本と称し、この両者を六巻泥洹経に対してまた大本涅槃経とも称するが、中国・日本の学者に最も多く親しまれているのはそのうち南本三十六巻の経である。

(4)　大般涅槃経後分二巻　唐若那跋陀羅訳

前の北本涅槃経が完結した形を成していないので、その後を受けて四品半を加え遺教・入滅・荼毘・舎利等の事を叙して完結せしめたもの。

(5)　仏説方等般泥洹経二巻　西晋竺法護訳

(6)　四童子三昧経三巻　隋闍那崛多訳

仏が入涅槃の時、四方仏国の四菩薩が四童子となって仏処に至れるを説き仏身滅するも法身存すとなし兼ねて諸三昧の功徳を述べる。この経中、阿闍世王が四童子の一人に導かれて仏所に到るとなすは、大本涅槃経の闍王帰仏と相通ずる。(6)は(5)に九品ある中の初六品の異訳。

(7)　大悲経五巻　高斉那連提耶舎訳

仏が入滅の時に臨み、法を附属し、滅後の法蔵伝持者を予言し、舎利供養・称名布施等の功徳を説き、さらに遺法結集の儀式・正法滅尽の相を明かす。仏の住世を請える魔子商主が未来弥勒仏に遇って悲愍商主辟支仏になるというのは大本涅槃経の純陀に当たり、末田提や優波毱多等の名をあげ北天竺等の地名を出すのを注意すべきである。摩竭魚の聞名成仏の因縁を説き、また未来世最後五百年に正法垂滅の状を叙べる。

(8)　等集衆徳三昧経三巻　西晋竺法護訳

(9)　集一切福徳三昧経三巻　姚秦鳩摩羅什訳

これも毘舎離に在して仏が却後三月入涅槃すと予言されたのにはじまり、仏滅後は集一切福徳三昧を成就すべきを説かれたもので、皮を剝いで紙となし血をもって墨となし骨を折って筆となす最勝仙人の求法譚は大本涅槃経の雪山求道に通ずる。(8)は(9)の同本異訳。

(10)　摩訶摩耶経二巻　蕭斉曇景訳

仏が忉利天に昇って生母摩訶摩耶のために説法され、仏入滅の時には天上より下って仏所に来たれる摩訶摩耶に金棺を開いて訣別されたことを説き、あわせて仏滅後千五百歳中における正法の住世及び法滅に関する仏の懸記を述べる。懸記中に馬鳴・龍樹の名が出て来る。

(11)　菩薩従兜術天降神母胎説広普経七巻　姚秦竺仏念訳

普通に略して菩薩処胎経と称する。二月八日入滅に臨んだ仏が金棺中にあって、母胎に処する相を現じ十方より来集の菩薩のために説法する。経を弥勒に附属の後、大迦葉到って仏本形に復し、次いで荼毘起塔の事があり、最後に遺法を結集して八蔵となすことを説く。

(12)　中陰経二巻　姚秦竺仏念訳

この経は迦毘羅婆兜双樹の北耶維の処にて、仏が砕身の舎利を離れて中陰に入り、中陰の衆生のために説法教化されたことを説く。中陰の有無は大本涅槃経の迦葉品にも滅後の諍論としてあげられているが、今は(10)(11)の二経との関係から涅槃部に入るのであろう。

(13)　蓮華面経二巻　隋那連提耶舎訳

仏が入涅槃の時に当たり、滅後の僧徒が堕落し仏法が罽賓国に集まるのを予言されたことを説き、富蘭那外道の弟子蓮華面が寐吱曷羅俱邏王と生まれ来て仏鉢を破砕し地獄に堕するのを明かす。阿輪迦王の造塔の事がある。

(14) 大方等無想経六巻　北涼曇無讖訳

(15) 大雲無想経巻第九　姚秦竺仏念訳

大方等無想経は大方等大雲経とも称し、三昧等の法門ならびに如来常住の義を説く。阿叔迦王及び龍樹と同時代である娑多婆呵那王の正法護持のことを説く点に注意。(15)は(14)と同じくもと多数の品を有せし大雲経中の一部分。

(16) 仏垂般涅槃略説教誡経一巻　姚秦鳩摩羅什訳

通常多く仏遺教経と略称して行わる。仏が涅槃に臨み教誡を略説されたもの。馬鳴の仏所行讃第五大般涅槃品の大半と一致し、中国・日本で古来甚だ尊重された。現に大正大蔵経第二十六巻中に天親造陳真諦訳と称せられる遺教経論が存するが、それは中国においての偽作であろう。

(17) 仏臨涅槃記法住経一巻　唐玄奘訳

仏が入涅槃の時、正法の住世を問われたるに答え、滅後千年の間に最初百年の聖法堅固より最後百年の戯論堅固に至る十種堅固の別があるのを説かれたもの。

(18) 般泥洹後灌臘経一巻　西晋竺法護訳

仏滅四月八日と七月十五日の両度に仏像を灌臘すべきを説く。偽経であろう。

⒆　仏滅度後棺斂葬送経一巻　失訳
仏を棺に斂め葬送するには飛行皇帝の儀の如くすべしといいその法を説いたもので、仏の葬法は輪王の如くなるべしとは遊行経の説く所であった。また仏鉢の奇瑞を説く。
⒇　迦葉赴仏般涅槃経一巻　東晋竺曇無蘭訳
仏の入涅槃の時、迦葉が急ぎ仏所に赴いた状を説く。これまた遊行経等に出る叙述の別行の敷衍。
(21)　仏入涅槃密迹金剛力士哀恋経一巻　失訳
仏が入滅の時、密迹金剛力士や帝釈梵天王等が悲嘆して住世を請えるを説く。
(22)　仏説当来変経一巻　西晋竺法護訳
仏、祇樹給孤独園にあって将来の世一法乃至五事を行い正法が為に毀滅するのを予言せらる。
(23)　仏説法滅尽経一巻　失訳
仏が涅槃時に臨んで、滅後に法が滅尽して衆僧堕落する状を説く。
(24)　遊行経三巻　後秦仏陀耶舎共竺仏念訳
(25)　仏般泥洹経二巻　西晋白法祖訳
(26)　般泥洹経二巻　失訳

(27)　大般涅槃経三巻　東晋法顕訳

この四部は阿含部に入っており、細部については互に異同があるが同本の異訳であって、巴利文長部経典（Dīgha-nikāya）の Mahāparinibbāna suttanta 及び唐義浄訳の根本説一切有部毘奈耶雑事大正大蔵経第二十五巻三八二頁第三十五至第四十第八門第十子摂頌も同本である。右の四経は古来小乗の涅槃経と称されて来たが、大乗の涅槃経の如く思想信仰を説くよりも伝記史実に重きをおいており、仏の却後三月まさに涅槃すべしの宣言以後、入滅・荼毘・分舎利・起塔・結集等に至る前後の事情を順次に詳説したもので、仏入滅当時の消息を知る上に貴重な資料である。(26)は東晋時代の翻訳であり、(27)については法顕訳とすることに疑問がある。

以上涅槃部の二十三経と阿含部の四経とについて簡単な解説を試みたが、今これらを通観するのに、仏陀の入涅槃を主として史伝的に叙述したものが阿含部の四経及び涅槃部の大般涅槃経後分であって、涅槃部の大本涅槃経及び六巻泥洹経は仏陀の入涅槃を背景として涅槃の本質を大乗の立場より再検討しあわせてこれに関する諸問題を専ら哲学的見地において論究したものである。勿論前者にも思想信仰の筆致が伴なうのは免れない所で、後者にもまた史伝の混入は否定し得ないが、各々の本旨より判ずれば大体上述の如く分かち得る。これは前者が小乗の涅槃経とせられ後者が大乗の涅槃経と称される所以で、大般涅槃経後分は大本涅槃経が大乗なる点より合わせて大乗に入れられるけれども、それのみでは別に大乗的色彩を有しない。それで旧来の如く大乗小乗をもって区別することは適当でないと考えられるが、史伝と思想、換言すれば前者は仏の涅槃を事蹟として叙述したものであり、後者は仏の涅槃の意味を論究したものと解すれば、その両種は依然として区別されるべき性質を有する。しかして前者が後者にとって資料を提供する反面、同時にまたその涅槃観が批判の対象とされていることは勿論である。

次に涅槃部中の他の諸経は如何というのに、これらは涅槃の事蹟を総説したものでもなく涅槃及びこれに関する諸問題を思想的にまとめて論究したものともいえない。それらは事蹟及び思想を取り扱ってはいるが、概して断片的であり且つ派生的な問題を主題としており、その意味でこれらは涅槃経の支派と称すべきものである。その中には大乗に入るべきものもありまた入れ難きものもあって、これらのすべてを大小乗のいずれかに決判することは困難であるから、今はこのような分類を廃してそれらの諸経は多くいかなる問題を主題としているか、主題となっている事柄が涅槃経にいかに関連した問題かを一考してみよう。そうするとここに凡そ次のように概括することができる。

㈠　仏の入涅槃を題材として大乗の教理を説いたもの

㈡　仏の入滅後における法蔵の伝持者及び護法者を説いたもの

㈢　仏の入滅を降誕と関連せしめて中陰を論じたもの
㈣　仏鉢仏舎利等の遺物崇拝を説き造塔供養を重んじたもの
㈤　仏涅槃の事蹟中における一節を別出したもの

実際上、涅槃部の経は殆ど大部分仏の入涅槃時に取材しているが、その中でも特に哀嘆・葬送乃至は迦葉の赴仏という如き場面が取り出して叙説され、また仏への追慕がまず遺物崇拝となって造塔供養を強調された。これらは史伝的傾向の支派延長と見るべきものである。これに対し仏の入滅を降誕と関連せしめて中陰を論ずるなどは頗る思想方面の発展したものというべく、仏母摩耶夫人の胎中にありながら不浄のために染汙せられず化現して説法するとなすは仏身観において最も進歩したものであると認める。しかも摩訶摩耶経や菩薩処胎経が已逝の仏が金棺の中より自ら身を現じたもうと説くのは、おそらく遊行経等において入滅した仏が重槨内より両足を双出して大迦葉に見せられたというに基づいたものであろう。これら諸問題の中、仏の入滅という事実に関し一番教団人を深い思索へ追いやったものは何かといえば、仏の滅後、仏法はいかになりゆくかということと、涅槃の本質は如何、従ってまた仏身の真実は何かということであった。滅後の仏法が衰頽して僧徒が次第に堕落するということは仏教一般の通念であるが、これは特に仏日永く没して世間は法灯を失ったと感ぜしめる涅槃部の経典において強調される。大本涅槃経でも僧界の腐敗を糾弾する厳しい叫びはしばしば繰り返され戒律の清浄は極力これを要望された。このようなことは確かにそれら経典成立当時における僧風を反映するものがあるのに相違なく、且つそれらの経典が多く大乗教徒の編集に成った関係上、現実教団の主流を成すいわゆる小乗教団にとって仮借なき辛辣な態度をとった点も考えられるが、それよりもむしろ仏の在世を慕い今の滅後を悲しむという人間自然の情が法滅思想末法思想を発生させたといわねばなるまい。従ってその源流はやはりこれを史伝系の涅槃経にたずねらるべきもので、滅後は所説の経戒を護りとなすべしと遺誡せられたことも、入滅の直後すでに抜難陀が我今自在を得たりと放言したことも、これらのことは遊行経等の夙に説く所であった。まして遺法を伝える者として大迦葉と阿難があり、外護の王者として阿闍世等の諸王があって分骨起塔したとは古くより伝え来たった所であるから、今や涅槃部の経典が遺法の伝持者を説き教法結集の事蹟や進んで外護信仏の阿育王・禅陀迦王等を挙げるに至ってもその間何等不自然な所はない。すべてこれ順当な延長展開というべく、果てはまた仏の入滅に基づく正法尊重の信念が最勝仙人や雪山童子の捨身求道というような深刻な文学的表現をも生ぜしめたのである。しかしながら仏の入滅が齎した信仰上の最大最要の課題が何よりもまず仏身観にあったことは確かである。それゆえにこの仏身をいかに見るべきか、仏の涅槃とはいかなる意義を有するかということはひとり涅槃部経典に限らず全仏教徒が心を浄めて思索し全経典が悉く苦心した共通問題であったが、仏の入涅槃という事実は仏の肉身と法身との限界点であるだけに一層この課題に答える鍵を持つものと見なされて、仏身観は多く涅槃前後の事蹟を背景として躍進を遂げることになった。しかも仏身観はあらゆる仏教信仰・仏教教義の中心を成し、すべてはこれと離れて発達もなく変遷もない。ここに仏身観が成仏及びその行法という方面に展開する根拠が存するのであって、六巻泥洹経及び大本涅槃経こそはまさしくかかる潮流の所産として最も傑出したものであった。仏身常住が強く力説されると共に一切衆生悉有仏性が高唱され、仏性自覚の行として五行が甚だ重要なものとなり、なかんずく五行の第一聖行中において戒律の厳守が要求されたのはまことに偶然ではない。中国の天台宗が涅槃経をもって扶律談常の教えとしたのは、またこれよく涅槃部全体の大意を捉えたものと見ることができよう。

第四章　涅槃経の成立過程

涅槃部類の経典の中には仏陀の涅槃についての伝承を説く経典と涅槃の意義真相を論究する経典とがある。入涅槃についての伝承を説く経典は仏入滅の前後における事蹟をその伝承に従って叙述するのであるから、その場合入涅槃ということは仏陀の死歿を意味している点で、涅槃の意義に関する一種の見解を基礎としてはいるが、それ以上涅槃の本質を究明することは当面の問題でない。故にこの種の経典では伝承の異なるのに応じて多少の相違は生ずるが、同一経典の中では一応叙述される内容に限度があって経家の意のまま自由に発展せしめられ得るものではない。しかるに涅槃の意義真相を論究するということになれば、入滅前後の事蹟を説くことはあってもそれが終局の目的ではなく、むしろ入滅すなわち仏陀の死歿をもって涅槃と称することの是非を検討し、進んで経家の見解に随い涅槃の真意義をどこまでも追及しようとする。涅槃経がこのような方向に進む限り、涅槃観の変遷推移は涅槃に到達する修道の方途に関して新しい展開を求めてやまないから、その内容は伝承の如きものにより範囲を予め限定することができないで、立場の変わるに伴ない後から後からと新たな解釈新たな説明が堆積加上されてゆくのは当然である。ここに入滅の事実的方面を説くいわゆる小乗涅槃経がまとまった形で現存しているのに反し、涅槃の哲学的方面を論ずるいわゆる大乗涅槃経が甚しく不整備な形を示している理由が存する。実際大般涅槃経を見ると一旦完了したと思われる後からまた同様の趣意が繰り返して論ぜられたり、前に力強く主張して来た所を修正増補し甚しい場合には正反対と思われる説さえ提出するに至っているが、こうした重複や改訂はこの経が涅槃の意義を相伝によって説くというだけでなく、自ら次から次へととどまることなしに追及して行った結果に外ならない。

涅槃経は北涼の曇無讖によって漢訳された所によれば十三品四十巻ある。しかしこの十三品四十巻の最初の寿命品から最後の憍陳如品までが同一人の手によりもしくは同一教団人の手によって一時に編成されたとは考えられぬ。必ずや数段階を経て多くの人々が協力して成ったものに相違ないから、これは仏教にとっては最も根本的な涅槃という問題を、数代にわたって無名の大乗仏教者が、思索に思索を続けて到達した貴重な思想的努力の集成であるということができよう。従ってこの涅槃経が統一整備していない所に、かえってわれわれは大乗仏教徒の不撓の探求心を認め得られるのであり、思想史研究者の興味もまたひとえにこの点に負う所大なるを否定し得ない。

さてそれでは涅槃経は現在の十三品四十巻の経となるまでに幾段階を経ているかといえば、精密な確定的結論を出すことは容易でないが、大体上それを制定するには次のような諸点が手がかりとされる。すなわち第一には涅槃経中仏陀の説法に対しその相手となっている人物の推移変遷を見ることであり、第二には同本の異訳である六巻泥洹経を対照することであり、第三にはこの経の原本伝来の経緯を検討してそれが二回乃至三回の続訳と称されている伝説を参考することであり、第四には内容上一応完結を標示すると見られる付嘱流通や経の名字功徳讃歎が中途に出て来るのを注意することであり、第五には重ねて質疑を促された催問や本有今無偈の如き同一事項の再出に留意することであり、第六には後品における前品所説の指示に着眼することであり、第七には涅槃経の要義としてしばしば要約したものがあるのに対する考慮である。これらの諸点を基準として考察すると、大体上涅槃経は次のような七集もしくはその中の第一集を迦葉菩薩の登場前後によって二分する結果の八集より成ると判断し得る。

第一集——寿命品・金剛身品・名字功徳品

第二集——如来性品・大衆所問品

第三集——現病品・聖行品・梵行品・嬰児行品

第四集――光明遍照高貴徳王菩薩品
第五集――師子吼菩薩品
第六集――迦葉菩薩品
第七集――憍陳如品

しかし同一段階と仮定される一連の文といえども、その始終がすべて同一時期の成立にかかるもののみとは断定し得られぬのであって、原始的な部分ほどそれが転々として増広される間に後の追加された部分の思想をもって初めの方の原始的な部分を解釈するというような混入があることは免れない。故に六巻泥洹経を大本涅槃経に比べて見ても、例えば二種施食、二種仏身、三徳秘密蔵、迦葉菩薩発問偈の後半、名一義異・名義俱異、乗戒緩急、本有今無偈等のような後世重要視せられる説が、同本の異訳でありながら大本経にのみあって六巻経にはないのを発見する。ことに著しいのは六巻経では一闡提の成仏を全く許していないのに大本経ではその成仏を許す如き解釈を下していることであって、本文解説中にも第五巻の中で指摘する所であるが、なお他に一例を挙げると、六巻泥洹経の随喜品で、

一闡提は善の種子を壊す、改悔してそれに善心を生ぜしめんと欲するもこの処なし

といっているのが、その同じ部分を大本涅槃経の大衆所問品では、

一闡提は善根を焼然す、当に何の処に於てか除罪を得べき、善男子、若し善心を生ぜばこれ則ち一闡提と名づけざるなり

といっている。このようなことは、六巻経が全く一闡提の成仏を認めないのに反し、大本経は一闡提が一闡提のままでは成仏せず善心を生じて一闡提たる地位を離れて成仏するというに至った後の品の解釈をここに適用していることを示すものである。このような例は六巻本の経に相当する前五品が、その後の増広に伴なってそれ自身の原始的要素までもまた修正増補を蒙ったことを示す顕著な証拠といわねばならぬ。

しかしてこのような修正増補は決してこの五品内にのみ限らず、経の流伝の間において始終多かれ少なかれ蒙っていた所であって、右のような断片的な修正増補の外に相当長い挿入・附説の部分が存することも看過できない。かなり長い挿入の例としては聖行品中の第十三巻の半ばより第十四巻の半ばにわたる部分であって、迦葉菩薩を説法の所対としている聖行品中にあって右の部分のみは文殊菩薩を所対としているのである。また大衆所問品の末の方で昔日所説の偈を会釈して少分の一切を説きたる如き、或いは師子吼品中仏性涅槃についての論究に附し仏が特に拘尸那城を選びしかも二月十五日において入涅槃せられる因縁を第二十九巻より第三十巻にわたって詳説した如き、これらは挿入もしくは附説の顕著な例である。それ故にこうした事情を考慮すれば涅槃経が現在の形をとるまでには

十数の時期段階を経ているに相違ないと考えられ、厳密にこれを分析しもって前後を判別するということは決して容易なことではない。まことに涅槃経が大乗教徒の間を転々として伝習習学される間に附説・挿入・修正・増補が加えられたことは、あたかも雪達磨が廻転するごとに新たな雪をつけて次第に増大するようであったと思惟される。それゆえに涅槃経の成立段階に関し、われわれは今の所大体論として前記七段乃至八段の別のあったことを認めることをもって、ひととおり満足しなければならないと思う。

第五章　仏の入滅と涅槃経

大般涅槃経は仏陀の入涅槃の時における説法という形をもって構成されている。すなわち拘尸那城娑羅双樹の間において二月十五日仏が自ら入滅を宣言されるに及び、純陀が最後の供養をなし大衆は帰依を失うのを悲嘆するというのが構想の出発点である。しかししばしば述べたようにこの大般涅槃経は仏入滅の事蹟を伝えようとするのが趣意ではなかった。涅槃経は涅槃についての誤られた見解を是正しその真意義を究明しようとするのが本来の大目的であったのである。涅槃・泥洹ということは元来仏陀が成道と同時に到達された自主的な境地でもとより現身に証得される状態であったが、それが後にその意味が次第に変移し歪曲せしめられて有余依涅槃・無余依涅槃という如き考えが興り、有余依涅槃は煩悩を断じてなお身体の存する間をいい、無余依涅槃は煩悩も身体もともに断滅し尽くした状態であると解されるに至った。故に無余依涅槃に入るというのは聖者阿羅漢の死を意味することになり、仏陀の死もこれを涅槃と称するようになったのである。しかし涅槃経は右のような涅槃観が誤りであることを指摘し、このようなことならば仏身は始めあり終わりある有限無常の色身にのみ存在するということになるが、仏の本身は決してこのようなものではない、仏の本質は形而上の世界にあって常住無限なものであり、涅槃の真相も仏の本質を離れてあるものではないことを明らかにしようとした。従ってここに仏身常住とか仏性とか大涅槃とかいうような新たな主題が力説されることになったのである。しかしこのような新しい涅槃思想を主張するためには、仏陀の本身を現実の色身にのみ認めその死歿をもって涅槃と解する態度を根本的に改めねばならぬのであるから、涅槃経はこの必要により仏入滅の場面を背景として選び、その上でしかもなお仏は畢竟して涅槃に入るに非ずということをくり返し強調する方法をとった。これは涅槃経が自己の涅槃観を闡明にして所期の目的を達成する上に最良の方法であったというべく、われわれはその背景場面の選択が根本論旨の闡明に向かっていかにもよく密接に適合しているのを驚歎せしめられるのであるが、なおまたこのような仏入滅の背景場面というものは意外な方面において経典所説の内容に重大性を帯びさせる結果となっていることを注意しなければならぬ。

第一に仏涅槃の事蹟を伝えた小乗の涅槃経に従えば、仏は入滅の時に臨んで諸比丘に対し、汝等疑いあらば速かに問え後悔する勿れと告げられたというが、いま涅槃経もこの形式を採用してしばしば如来より催問せられたとしている。これは経説を展開する上に最も好都合な条件となっている所であって、すなわち衆生の疑問を解明しつつ涅槃の真相を開示してゆくということは、大乗仏教が自己の立場のみに立つ独善的議論に陥ることを防いで小乗仏教を批判し、それとの関係を確立した上で大乗教義の正当さを主張するという合理性を保持する所以となった。涅槃経が大乗の涅槃思想だけを鼓吹するというのでなく、小乗の涅槃説に対する必要な批判を怠っていないのは如上の表現形式にも負う所あったといえる。

第二にはこれが仏最後の説法であるという理由のため、最後に真実の説を吐露して従前の説を方便視するという利便さがあった。けだし小乗の涅槃思想といえどもそれが仏説といわれる限りこれを包容せぬわけにはゆかぬが、しかも仏説として包容すると同時に一面これが真正ならざるを断定しようとすればそれを方便説と判ずる以外に道はない。しかるに方便が方便たることを知られるのは方便を施設した当初の目的が達せられて真実を明かし得る時期に到った後でなければならぬから、真実を明かす最適の時期は仏陀教化の生涯において最後入滅の時以外にない。法華経が四十余年未顕真実の型を採用したのもそのためであるが、涅槃経はその最も徹底した時を選んだものというべきで、小乗と大乗とを昔日波羅奈における説法と今日拘尸那における説法という形で表現しているのも、或いはまた自経の義を師子吼決定の説と自認するのも、みな法華経と同致であり畢竟入滅時の説法という形式に関連する。ここに涅槃経が諸大乗経中でも特別に重厚な感じを帯びるに至った原因が存する。

第三に仏は入滅の時に臨み成仏以来所説の経戒をもって滅後の指針となすべきを遺誡された。しかるに涅槃経成立当時の教団の中には仏陀の戒律を守る厳粛なる精神が弛緩し、種々の非法が仏陀より許されたものとして勝手に解釈される傾向を生じていた。故に教団を粛正して厳格なる戒律生活を振起しようとするのには、経戒を滅後の指南たらしめよといわれた仏陀の遺誡を反省せしめるに如くはない。涅槃経が特にその中でも初めの方の原始的要素を含むと考えられる部分において強く持戒の厳正を要求しているのは確かに時代教団の腐敗堕落に奮激した現れに相違ないが、これを涅槃経の中で説くというのは右のような理由によって極めて自然である。後世中国の学者が涅槃経を扶律談常の教えと呼んだことはまた所以なしとしない。

第四には仏陀入滅の時という条件は仏滅後における正法の存続と異論の興起ということを問題にする上に最も適当な意義を持つ。凡そ仏の在世は単にそれを意識するだけで信仰的に無比の力強さを与えるが、仏入滅せられるとすれば悪魔跳梁して正法為に毀損すべしとは敬虔なる仏徒の信じて疑わない所である。これによって異端の競起を正法の漸壊に帰する考え方は、説時を入滅の時に選んだ涅槃経の作者によって巧みに着想せられ、正法滅尽の様相が如来性品においてしばしば予言の形で説かれると共に、涅槃経成立時代における諸学派の異論は法滅時の諍論内容として梵行品や迦葉品等の中に列挙された。この経が単純に自経の説のみを主張するにとどまらず、それが成立前後における学界一般の論議題目をも記録して教学史上貴重の資料を遺しているのはこれによる。

第五に仏陀が入滅の直前に須跋なる年百二十の梵志を化度しこれをもって如来最後の弟子とされたことは、小乗涅槃経の等しく認める事実である。すなわちこれによれば仏は諸比丘等の仏教徒に向かって教えを垂れたのみではなく、ついには外道をも帰伏せしめてその出世を完了せられたということになっている。このことはやがて仏陀の教法が仏教徒の間にのみ妥当する私的な教説でなく、仏の法のみが唯一真実なるもので外道の教説の如きは全く存立し得ないものという意味を示す。こうして涅槃経憍陳如品の十外道帰仏の説は須跋陀梵志受化の伝説を拡大敷衍したものであることが明らかであるが、なお梵行品の阿闍世王入信物語の中における が如き或いはまた師子吼品の拘尸那城入滅を釈する物語の中におけるが如き、いずれも六師外道の説を逐次に破砕してただ仏教のみ真正なることを宣言する表現に採用せられた。

こうして涅槃経が仏の入涅槃という特定の時処を選んだことは、涅槃の真意を闡明するのに必須であったという本質的理由に基づくとはいえ、その結果としてまた上述の如く、催問を通して批判されるべき小乗の説を展示せしめ、自説は究竟至極の真説たることを明らかにし、持戒の厳正を要求して教団の堕落を衝き、異端諍論の競起を記録にとどめ、外道の立場をも悉く仏教中に帰一せしめるという諸々の第二義的な効果をも発揮することができた。涅槃経が数多い大乗経典の中でも、その内容の豊富多彩なると迫力の強烈なると及び哲学的地位の優越なるとの諸点において、殆どその比を見ないまでの観あるに至っているのは全くかかる事情に因由するのである。

第六章　純陀と迦葉菩薩

涅槃経は、維摩経における維摩居士というような仏以外の人格に理想的性格を帯びさせているのではない。また般若経や華厳経のように声聞や菩薩をして菩薩行を説かしめているのでもない。法華経のように仏と声聞との相依り相資けて仏説と仏身とを明かそうとするのでもない。涅槃経は始めから終わりまで仏が中心であり、仏が仏の本質を自ら開顕されたということになっている。涅槃経はすべて仏陀の説法という形をもって表されており、その他の者はただ仏の説法に質疑者たる地位を占めているに過ぎぬのである。従ってこのような見地よりすれば涅槃経における登場人物の性格を論ずることはその必要なきもののように考えられるであろうが、しかしたとい質疑者たる地位にとどまるとはいえ仏は必ず相手の能力に応じて説法せられ、質疑者の資格如何は直ちに所説の法そのものに関係することとなるが故に、これを逆にいえば高遠なる説は必ず卓越した対機を予想しなければならぬ。こうして涅槃経がいかなる人々を聴者問者として説法を展開しているかはここに一応考慮を要する問題となるが、事実これを経の上に当たって見れば、われわれは経家がこの点に関してかなり苦心しているのを認め、興味の尽きぬものあるのを覚える。

但し涅槃経中の主要人物としては第一に純陀と迦葉菩薩とをあげるべきであって、光明遍照高貴徳王菩薩と師子吼菩薩と憍陳如とはそれぞれ長い一品の問者となっており、その外にもまた文殊・阿難・無辺身菩薩・住無垢蔵王菩薩・瑠璃光菩薩・無畏菩薩等も出てくるが、ここには一番重要な純陀と迦葉菩薩についてのみ少しく考察を加えるであろう。

まず初めに純陀は仏に最後の供養をなした人として有名である。事実は彼が奉った栴檀樹耳を食せられその中毒で仏は入滅したまえりと考えられるが、仏の入滅の原因となるような供養であったからとの理由によって純陀の供養が非難さるべきでないということは長阿含の遊行経等の中にも明白に説いており、成道の時の施食と入滅の時の施食とがその功徳同等なるべしとはいま大涅槃経の説く所であるが、同様の趣旨は既に遊行経でも認められていた。従って純陀の供養ということは仏の入滅を説く場合不可分の関係ある伝説となっており、波婆城の一工師の子であった優婆塞純陀が仏教史上に特殊な地位を占めるべきは早くより運命づけられている所であった。しかし大涅槃経における純陀は拘尸那城の工巧の子といわれ、その生地において既に一般の伝説と相違を示しているが、それのみでなく彼の思想的地位はこの経に来たって驚くべき高いものにされた。もはや彼は単に最後の供養をなしたというだけの一介の優婆塞ではなく、大乗仏教の精神を体得している大菩薩として表現されている。すなわち彼はその本来の性格に従って仏にわが供養を受けたまえと請じていると同時に、また仏に対し久しく世に住したまわんことを請じて物心両面における請主たるの地位を全うしている。但しそのように仏の久住を請じたとはいえ彼が如来の常住たるを知らぬのではない、実には如来が常住にして入涅槃が方便示現であることは十分承知していたのであった。如来が常住にして入涅槃は方便示現であることを十分承知しながら、なお且つ仏の久住を請じているのである。そこに純陀の地位に対する異常な昂揚があったのにもかかわらず、依然として人間的性情の保持されていることが窺われ、純陀の性格として甚だ複雑なものたらしめている。しかし涅槃経において最も著しい特色は、純陀をもって既に如来の常住を知る菩薩として表現していることであって、この表現のための効果的手段として文殊との問答が叙述された。文殊師利法王子は大乗仏教の最高叡智を表徴し仏母とさえ称せられる人物であるが、彼は如来の久住を請じた純陀をとがめてまさに諸行の性相を観ずべしと言うや、かえって純陀より如来豈にこれ行ならんという逆襲を受け、仏に対する供養施食を促すやまた純陀より如来身はすなわちこれ法身にして食身に非ずと反詰せられ、さすがの文殊も純陀の前には惨々な目にあっている。しかも仏は文殊を抑えて純陀を称揚し、善い哉純陀、汝は已に微妙の大智を成就し善く甚深の大乗経典に入ると言われているからたまらない。判決は明らかに文殊の敗北と決まった。故に文殊は最後において、我れこのことにおいて達せざるに非ず直だ汝に諸菩薩のことを試みんと欲せしのみと弁解しているが、このような惨めな文殊の敗北は何を意味するか。もとより文殊を陥れようとしてこのような叙説がなされたのでないことはいうまでもない。純陀の智慧を示そうというのが目的であった。いい得るならば、純陀を昂めるために文殊はその踏み台として用いられたものであって、文殊こそまことによい災難である。しかしこのような表現法は大乗経典の常套手段で、大乗経典ではいつも何人かの地位を上げようとする時、周知の大智人と比況してそれ以上なることを説くのが常であった。手近な例でいえば維摩経が維摩居士を点出するために舎利弗や文殊と比況せしめている如きがこれで、今の純陀の場合も全く同様の表現手段に外ならない。こうして一優婆塞の身でありながら文殊と同等の智が認められた純陀はまた、純陀という名字は虚称に非ず純陀というのは解妙の義であるがまことにその通りであるといい、純陀は真にこれ仏子にして羅睺羅と異ならずとさえいわれた。否それのみではない、純陀は明白に仏より、汝今皆已に菩薩摩訶薩の行を成就し十地菩薩の所行に住するを得て具足成弁せりといわれている。仏に最後の供養を奉った純陀は今や十地の大菩薩として公認されたのであった。しかし純陀がこれほどその地位を昂められたのは決して意味のないことではない。われわれはそれによって涅槃経が自所説の如来常住を力強く表現すべく如何に苦心し如何にその表現効果をねらったかに想到しなければならぬのであって、しかも結局は大乗の思想を闡明するにはシテ・ワキ共に大乗の人によらざるべからずという信念がその根柢にあったことを認めねばならぬのである。

次に迦葉菩薩というのは涅槃経中一番多く登場する菩薩で、涅槃経全十三品の中、迦葉菩薩の現れないのは徳王品・師子吼品・憍陳如品の三品のみである。初めの寿命品以来重要な役割を占め、殊に後には迦葉菩薩品という長い一品さえあるほどであるから、迦葉菩薩こそは涅槃経と切っても切れぬ密接な関係があるといわねばならぬが、それでは一体迦葉菩薩は何故にこれほど深い関係を持つに至ったのであろうか。これについては釈尊の在世中教団においての長老で仏の滅後には遺法を結集したと伝えられる摩訶迦葉と関連して考察されねばならぬ。そもそも摩訶迦葉は遊行経のような小乗涅槃経の伝える所によると、仏入滅の時その座にいなかった。五百の弟子を将いて波婆国より来る途中で世尊の入滅を知ったのである。故に入滅直後の仏には阿難等が随従していたのみで、大弟子摩訶迦葉は滅後数日を経てようやく未だ闍維に及ばざる仏身を拝し得たに過ぎず、臨終の間に合わなかったということはまず注意しておく必要がある。しかし同時にまた彼が仏身を拝そうとした時重槨内より両足を双出して見せしめられたといい、世尊より特別の信任を得ていたことが伝えられているのみならず、事実彼は仏滅後第一に三蔵の結集をなした上首であった。増一阿含第三十五巻によれば仏は法宝をもって迦葉と阿難とに付嘱せられたといい、法が仏より摩訶迦葉に伝えられ摩訶迦葉より阿難に伝えられたということもこれまた仏教一般に古くより信ぜられている所であった。故にこの点もまた今の場合特に注意を要することである。しかるに今そうした右のような二つの事実をあわせ考えると、摩訶迦葉が仏の遺法を継いだということと彼が仏の臨終に居合わさなかったということとは共に史実であるにもせよ、少し形式的な考えからするならばこの二事は互に両立し難いように感ぜられる。ごく単純に表明すれば、仏の遺法を継ぐためには仏の臨終に居合わせるのが当然で、臨終にいなかった者が遺法継承ということは不適当のように思われるであろう。従ってこの意味から摩訶迦葉が仏の入滅の際居合わさなかったということはそのまま認めつつ、同時にまた別に今一人の摩訶迦葉なる人格を創造しこれをして入滅時の仏に随侍せしめるという表現法を考案すれば如何。このような場合二人の摩訶迦葉が現れるというのは混雑を来たすこととなるから、伝説のように入滅に居合わさなかった摩訶迦葉はこれを小乗声聞の人とし、新たに創造せられた所の入滅時に随侍した摩訶迦葉はこれを大乗菩薩の人とすればよい。もしそうとすれば大乗経典を小乗の声聞によって伝持せられるという不都合は自然に解消し、大乗経は大乗の菩薩によってのみ伝持せられるということになる。それでおそらくこのような理由によって涅槃経は、声聞の摩訶迦葉の外に菩薩の摩訶迦葉を創造したのであって、これは涅槃経として相当苦心の存する所であったと思われるが、なおしかし、まだここに一つの問題がある。それは大乗仏教に従えば、智度論等にいうように小乗の三蔵を結集したのは摩訶迦葉であって、大乗を結集したのは文殊・弥勒等の大菩薩であるという説があり、たとい菩薩としての摩訶迦葉を創造しても直ちにこれをもって大乗正法の付嘱を受けた人となすことは困難といわねばならぬ。もし迦葉菩薩が大乗の法を付嘱されたとするならば、その声聞の迦葉が小乗の法を付嘱されたとする説に混乱しやすいのみならず、大乗法の結集者としてあまねく大乗教内において信ぜられている文殊の地位を奪うことになって穏当でない。こうして迦葉菩薩の性格というものは自然に限定されることとなるのである。涅槃経における迦葉菩薩はまさしく如上の構想のもとに成れるものと考えられるのであって、このような解釈を下す根拠はこれを寿命品（巻一、二、三）如来性品（巻四）大衆所問品（巻十一）憍陳如品（巻四十）等に見出すことができる。すなわち迦葉菩薩が多羅聚落の人にして姓は大迦葉、婆羅門の種なりといわれているのに対し、声聞の摩訶迦葉が王舎城附近の摩訶娑陀羅村の婆羅門尼拘廬陀羯波の子にして大迦葉種なりとは一般に認められている所。唯、今の涅槃経が迦葉菩薩を年幼稚なりとしたこと及び優婆塞としたことは長老比丘迦葉と一致せぬ点であるが、年幼稚とは求道心の旺盛を表現し優婆塞とは菩薩にして比丘に非ざることを表示し、もってかねて彼の長老比丘迦葉との混雑を避けんがための故なる区別に外ならぬ。さればこのようにして長老迦葉の理想化なる迦葉菩薩を登場せしめた涅槃経では、仏の説法を説くのみで仏の入滅事実までは説かなかったから、声聞の摩訶迦葉は遂に最後まで登場しなかったのである。純陀を菩薩化し、阿闍世王を過去仏の下にて既に発菩提心せりと説いているこの経が、声聞摩訶迦葉をも菩薩の大迦葉として活躍せしめていることは、決して偶然ではない。それらの底には共通した一貫の流れが存することを認めねばならぬのである。

次に光明遍照高貴徳王菩薩と師子吼菩薩とは涅槃経に対して前の純陀や迦葉の如き特殊な歴史的関係はない。光明遍照というのは涅槃経の智慧を表し高貴徳王というのは涅槃経の功徳を表したものに相違なく、師子吼というのもこれまた涅槃経が何ものをも畏れる所なく真実決定の説をなすのを意味していると考えられるから、畢竟これらは所説の内容より起こったものに外ならぬ。また文殊と阿難については前に迦葉菩薩に関連して触れたからここには略する。憍陳如は成道直後の仏より教えを受けて最初の弟子となった五比丘の一人で、それがいま仏最後の説法にも相手として引き出されているのは、仏の説法が五十年の長きにわたるとはいえすべては一人を完成せんとの意であったとも解し得られようか。けだし経家として相当野心的な思いつきというべきであろう。その他の無辺身菩薩等については今の涅槃経に本来関係あるものではないが、少しく蛇足を加えて説明すれば、東方の仏世界より釈迦仏の涅槃経を聞くため無辺身菩薩来たれりという構想が、諸仏同道の理によって涅槃経の普遍性を表現しようと企てたものなることは論なく、このような表現法は大乗経典においてなんら珍しいことではない。住無垢蔵菩薩は聖行品中にちょっと出て来るだけでさしたる意味はない、仏性如来蔵が無垢なるよりの命名であろう。瑠璃光菩薩と無畏菩薩とは徳王品の初めに出て来るが、瑠璃光菩薩が東方の不動世界より釈迦仏の涅槃経を聞かんがために来たれりというのが涅槃経寿命品に出て来る前述の無辺身菩薩の来聴と全然同じ型なるは明らかで、唯、前には無辺身という量的な表現がなされていたのに対して今度は専ら無礙なる光明によって表しているの差に過ぎない。しかして無畏菩薩はその不動世界へ生まれる業を問うているが、その存在意義が涅槃経自体から大いに遠ざかっているのはいうまでもない所である。

第七章　涅槃経の要旨

四十巻もある長い涅槃経は何を説こうとしているか。一言に要約すれば、それは経名の示すように大涅槃を示すにある。涅槃は仏道修行の究極目的であるが、その涅槃がいかなるものであるかは根本仏陀の滅後、時を経るに従って次第に歪曲された解釈が行われるようになった。すなわち涅槃（nirvāṇa）とはもと吹き消えたこと従って滅無を意味し、人類の苦の根原たる愛が滅して自主自由の心境に達したのをいったもので、本来は仏となるということがすなわち涅槃を得るということに外ならなかった。しかるに仏陀の滅後に至り教説を固定して理解しようとする傾向のいわゆる小乗仏教が興って来ると、涅槃に完全涅槃と不完全涅槃の別を考えて、煩悩の残余あるを有余涅槃といい煩悩の残余なきを無余涅槃と名づけるようになり、それがさらに再転すると余を身体の残余という意味に解し、生存しつつ涅槃を証したのが有余依涅槃であり、死して身体もなくなった場合を無余依涅槃というと解釈されるに至った。この最後の考え方は小乗仏教一般に採用されて最も普及した解釈である。しかし涅槃経よりすれば涅槃の本質はかくの如きものであってはならない。もし上述の如く無余依涅槃が身体の滅無を意味するとすれば、仏は無余依涅槃に入ると同時に最早空無に帰するといわねばならぬが、かかる考え方が起こるのは仏の本質を解せざるに帰因する。すなわち仏の本質を正しく理解しないために涅槃についても誤った見解に堕しているのであるから、仏身について根本的に見直すことが先決問題である。

一体仏の本質は可見の色身にあるのではなく、可見の色身は仏の本身の応現に過ぎない。仏の本質・本身は応現した可見の色身の根本たるもので法身すなわち理法である。この法身は色身の無常なるに対し常住不変であって、この法身が空無に帰する意味での涅槃に入るという如きことは断じてあり得るものではない。けだし仏が死して無余涅槃に入るという如く考えるのは仏の存在を実体的に考え、仏の出世した意義を把握していないのに基づく。仏の出世が衆生を化益するにあったという真意義に洞達すれば仏身を可見の色身に限って見られるはずは全くなく、教化の仏意は時空を超越せるをもって仏の本質は常住普遍なりといわねばならぬ。教化の仏意が時空を超越しているとはいえ、これを表現するには時間空間の範疇に当てはめるより外ないから、従って時間的にいって如来は常住であり空間的にいって仏は普遍なりといわねばならぬ。但し空間的に仏が普遍なりというのは仏の本質すなわち仏の本性・仏性・理法が普遍なりということであって、その普遍なる仏性は結局仏陀の教化対象たる一切衆生を離れないものであるから、この点より仏性の普遍は一切衆生悉有仏性と表現せられる。こうして涅槃経の仏身観は如来常住と一切衆生悉有仏性という二点に帰するが、かかる仏身が最早従前の如き滅無の涅槃をもって律し得ぬことはいうまでもない。されば従前の意味における涅槃に対して真の涅槃を大涅槃と名づけるとすれば、その大涅槃は畢竟如来常住と一切衆生悉有仏性とをもって内容とする新たなる仏身観そのものを外にして別に体あることなく、結局仏性・如来がそのまま大涅槃なりといわねばならぬのであって、ここに涅槃が消極的な状態としての内容より積極的な理法としての意味を持つことになって来た。まさしく涅槃思想は大転回をなすことになったのである。涅槃経が如来は畢竟して涅槃に入るに非ずといったのは小乗の涅槃思想を捨てたことを意味し、仏性を見るを法身と名づけ仏性を見て成道すと説きまた如来身は法身なり雑食身に非ずというているのは皮相な仏身観を捨てたことを示す。しかして一切衆生を護念するのが長寿の業なりと説く如きは、これ実に如来常住と悉有仏性とに展開する根本的核心を成すものといって誤りない。

上述のようにして仏身観・涅槃観が一大転換を成して来た以上、法身・仏性について常楽我浄の四徳が説かれ仏法僧の三宝が不離一体となるのは当然の理で、たといこの法を信ぜざる者一闡提を痛烈に糾弾しようとも、仏の教化意志の要請たる一切衆生悉有仏性が徹底するためには一闡提をも救済の網より脱落せしめることはできぬから、ついには闡提成仏という結論を導かざるを得ぬ。かくてこそ仏の教えなる仏法が仏と成る仏法として完成するのであって、インドの釈尊の説であった仏教は今やここに至って時と所との限界を越えて普遍的に信奉せられ得る根拠を確立したのであった。もとより以上の仏性説にせよ一闡提の思想にせよ、方向としては涅槃経の原始形態中に定まっていたが、その展開は幾度も幾度も思索に思索を重ねて変遷推移を経た。故に実際は如来・仏性・涅槃・一闡提等の涅槃経における意義を単一に規定することは困難であるけれども、大体においては上述の要点を外れておらぬといって誤りない。

左に涅槃経自身の語を借りて涅槃経の要旨を挙げるであろう。

巻六　如来性品――如来は常住不変畢竟安楽にして広く衆生悉有仏性なるを説く

巻二十一　徳王品――甚深微密之義とは、一切衆生悉有仏性、仏法衆僧無有差別、三宝性相常楽我浄、一切諸仏無有畢竟入涅槃者常住無変、如来涅槃非有非無……

巻二十二　徳王品――仏有常楽我浄不畢竟滅、三宝仏性無有差別相、犯四重罪謗方等経作五逆罪及一闡提悉有仏性、今此の経に於て之を聞くを得

巻二十六　徳王品――悪比丘説く、涅槃経は仏の所説に非ず何を以ての故に、一切諸仏悉く諸法無常無楽無我無浄……諸仏菩薩聴諸比丘畜種種物……諸仏菩薩不制弟子

断牛五味及以食肉、……諸仏菩薩説於三乗……諸仏畢竟入於涅槃と説くが故に

巻二十七　師子吼品――師子吼とは決定して一切衆生悉有仏性如来常住無有変易と説くに名づく

巻三十五　迦葉品――人ありこの大涅槃経の如来常住無有変易、常楽我浄、終不畢竟入於涅槃、一切衆生悉有仏性、一闡提人謗方等経作五逆罪犯四重禁必当得成菩提之道、須陀洹人斯陀含人阿那含人阿羅漢人辟支仏等必当得成阿耨多羅三藐三菩提を聞く

これによって、如来常住無有変易と一切衆生悉有仏性との二義が終始涅槃経の根本要旨であることを経自身が認めていることが知られるであろう。しかしてその他の諸義は、例えば常楽我浄にあれ、三宝一体にあれ、闡提成仏にあれ、三乗帰一にあれ、これらはみな右の二大要義より自ずから発展する所であって、根本二要義を離れた別個独立の説ではない。断肉と不浄物畜積の禁の如きはまたこれ派生の説たるこというまでもない所である。されば涅槃経の説如何と問えば、古来何人も直ちにもって如来常住と悉有仏性と答え来たれる、また所以なしとせぬを知らるるであろう。

第八章　涅槃経の伝訳

涅槃経が中国に伝訳されたのは、仏教の歴史上で経典翻訳の最も目覚ましい時代であった。後秦の長安今の西安では鳩摩羅什三蔵が般若・法華・維摩等の諸経や百巻の智度論をはじめ中論・成実論等を訳し、仏陀耶舎が四分律や長阿含を訳し、弗若多羅・曇摩流支は十誦律を訳し、曇摩耶舎・曇摩崛多は舎利弗阿毘曇論を訳していた。いずれも大部な翻訳であるが後世に影響の大きかった経律論であり、この盛世に遇った或る人はただ釈迦の祇洹精舎における説法に遇えなかったのが恨みであるだけで、その余は何事も最早憾む所がないと言っている。しかるにこれとほぼ同じ頃南の方東晋の都建康今の南京では、仏駄跋陀すなわち覚賢三蔵が華厳経六十巻の翻訳をなし、覚賢と法顕とは協力して法顕三蔵の将来した六巻泥洹経を訳している。曇無讖三蔵が西北方の北涼の都姑臧今の甘粛省涼州では涅槃経・金光明経等を訳したのもちょうどこの頃であるから、その少し前に不世出の大思想家慧遠が廬山にいたのと合わせて、当時の姑臧と長安と廬山と建康とはまさしく一時に仏教学の四大淵叢たる観を呈していた。大乗経典の中で後世最も影響の大きかった法華・維摩・華厳・涅槃の四経が十五、六年の間に殆ど時を同じくして三処各別に翻訳されたのはまことに奇しき因縁である。

涅槃経を訳した曇無讖三蔵は中天竺の人であった。六歳にして父を亡い、早くより沙門達摩耶舎の弟子となって小乗を学んだ。後に白頭禅師に遇って樹皮の涅槃経本を授かってよりはついに大乗を専らにするようになり、年二十の頃には大小乗経二百余万言を誦したという。彼は頗る壮烈な意気を有していたとみえ、次のような挿話が伝えられている。讖の従兄は調象をよくしていたが、王の所乗の白耳の大象を殺したことより怒りに触れ、ついに誅せられたのみならず敢て視ることある者は三族を夷にすと宣告せられた。それ故、親族といえども往くものがなかったが、讖が哭いてこれを葬るや王は怒って讖を誅せんとした。そこで曇無讖は従容として曰く、王は法をもって殺され我は親をもって葬った、いずれも大義に違せざるに怒らるるは何ぞやと。その神色自若たるに王も感じて、その志気を奇とし留めて供養したという。この勇猛不撓の意気は後年法のために身を殉ぜしめるに至るのである。

曇無讖は咒術に通じ向かう所みな験があったので、西域では大咒師と称されていた。従って国の上下には尊信されたが、後に事によって王の怒りを得、大涅槃経本の前分十二巻となびに菩薩戒経・菩薩戒本を持って亀茲国に逃れた。しかるにこの亀茲国では国人が多く小乗を学んで涅槃経を信じなかったから、進んでついに姑臧に達し、この地に都を遷し来たった河西王沮渠蒙遜に迎えられ、その経本を訳出することを懇請された。ここにおいて曇無讖は自ら漢土の語を学ぶこと三年の後に始めて経典の翻訳に着手し北涼の玄始十年（四二一）をもってこの大涅槃経を訳了した。今よりちょうど一千五百六十年前に当たる。それより慧嵩・道朗等この翻訳に参与した河西の名僧の請いに応じて、さらに大集経・大雲経・大虚空蔵経・海龍王経・金光明経・悲華経・優婆塞戒経・菩薩地持経及び前記菩薩戒経・菩薩戒本等を訳したが、これらの中でも曇無讖にとって最も重要なのはいうまでもなく涅槃経である。しかるにこの涅槃経は品数未だ完全せぬので国へ還ってたずね求め、母の亡にあって一年余り留まったが、後に于闐でさらに経本を得られたのでまた姑臧へ還ってこれを訳した。こうして現存の三十六巻（実は四十巻）ができあがったのである。

曇無讖三蔵は前にも述べたように咒術をもって頗る名の高かった人である。それ故に当時の如く強国互に隣邦を侵していた時代にあっては、その道術の故に国家より甚だ敬重されたのは当然で、争奪の対象とさえせられるに至った。すなわち魏の世祖太武帝拓跋燾はその道術を聞き使を遣わして迎えしめ、且つ北涼の王沮渠蒙遜に告げもし讖を渡さずんば兵を加うべしと恫喝したのである。しかし蒙遜は自ら魏の力には敵し難いのを考え命を拒むわけにはゆかぬのを承知していたが、さればとて讖を渡せば讖が或いは魏のために謀を立てるであろうとも懸念せられ、進退に困惑しついに窮余の策として彼を暗殺せしむることにした。しかるに一方曇無讖としては涅槃経を出して巻数すでに定まっていたけれども、外国沙門曇無発なる者がこの経品未だ尽くさずといったのを聞き、慨然として必ずこれを尋ね完全せしめようと誓った。そこで蒙遜はその求法の志を許し、偽って宝貨を贈りその行を壮にすることとしたのである。時に讖はすでに不慮の災あるを予感していたものとみえて、出発の数日前に涙を流して、讖の業対将に至らんとす、衆聖も救う能わず、もと心誓あるを以て義として停まるべからずと言い、衆に別かれて出発した。果たして行くこと四十里にして、ついに蒙遜の遣わした刺客のために害されたのであって、時に讖の年四十九。求法の尊い殉教者として悲壮な最後を遂げたのは、まことに涅槃経に説かれる護持正法の厳誡を身自ら示したものといってよい。

曇無讖三蔵はこのようにして非業の死をなしたが彼の訳した涅槃経は千五百年余後の今日まで東洋思想の珠玉として不滅の光を放っている。涅槃経の翻訳にあずかった道朗は大涅槃経序を製しまた疏を著したとも伝えられ、その後北涼は間もなく魏の亡す所となったが、曇無讖の法系は魏の都平城今の大同に移る一方、涅槃経は宋の都建康へ入ることとなったためこの経は今や中国の辺境からいよいよ文化の中心地域へ栄える基礎が開かれた。すなわち涅槃経は宋に来たって三十六巻本に修補されるに至ったが、それについて説く前に、少しく附言しなければならぬことがある。それは涅槃経の伝来経緯のことと法顕三蔵将来の六巻泥洹経のことである。

前に述べた曇無讖三蔵の伝は主として梁の僧祐撰の出三蔵記集第十四に出る曇無讖伝によって述べたもので、讖の歿後六、七十年頃のものであるから相当古いものであるが、ただその中には出三蔵記集が別の所で資料として収載している未詳作者の大涅槃経記と称するものと説の相違するものがある。故にこの点に関して一言すると、曇無讖伝によれば前記のように初め前分十二巻を齎して河西に来たり、後自らまた于闐にてさらに経本を得来たり続訳して三十六巻となしたというのであった。しかるに大涅槃経記に従えば、涅槃経の初め十巻五品はその胡本を東方の道人智猛が天竺より将来したもので、次の第六品以後は久しく燉煌にあった。河西王は高昌から前五品の胡本を取りよせて曇無讖をして訳せしめたが、讖は部党の不足を知り余残を訪ねていたらその六品以後が送り届けられたため、ここに現にある十三品四十巻ができたという。すなわち伝と記とでは経の将来者の名も経の原存地の名も巻数もみな相違している。伝が三十六巻というのは南本経すなわち僧祐当時斉梁の国で行われた三十六巻本の経によったものに相違ないが、前分十二巻というのは何品までのことか明らかでない。これに反して記の方で初め五品がまず伝わり後六品以後が伝わって四十巻になったというのは、一切大衆所問品までがまず伝わって現病品以下がその後附け加わったというのであるから、この方が現存四十巻本の経に最もよく適合する。しかし僧祐も根拠なくして伝を作ったのではなかろうが、われわれとしては今これ以上その点を判然せしめることはできぬ。なお出三蔵記集第十五に出る智猛の伝及び第八に出る二十巻泥洹記によると、智猛は華氏城の羅閲宗と名づける大智婆羅門の所で泥洹経の胡本一部を得た。この家では先に法顕三蔵も六巻泥洹経を得たが、智猛が得た泥洹経は涼州へ還ってこれを訳出して二十巻としたという。今この二十巻の泥洹経は伝わっていないが、これもまた前記諸伝と一致せぬ所である。

次に六巻の泥洹経についていえば、これは曇無讖の訳した四十巻十三品の大涅槃経の中の前五品に相当するものであって、法顕三蔵が親しくインドより将来したものであった。すなわち出三蔵記集第八に出る六巻泥洹記によると、摩竭提国巴連弗邑すなわち華氏城の阿育王塔天王精舎において伽羅先という優婆塞が、求法のために艱難を冒して遠く晋土より来たれる道人釈法顕の志に深く感激し、この大般泥洹経を写しこれを晋土に流布せしめようと願った。そこで法顕はこれを伝え来たって東晋の義熙十三年道場寺において仏駄跋陀禅師すなわち華厳経を訳した覚賢三蔵や宝雲等と共に協力してこれを訳出し、翌十四年の正月二日に至って校定しおわったという。義熙十四年は大般涅槃経の訳了された北涼の玄始十年よりわずか三年前のことである。東西時を同じくして二本の涅槃経が各別に訳されたというのはまことに奇しき因縁といわねばならぬ。

さて以上の如くにして建康で六巻泥洹経が訳された頃、当時後秦が亡び長安の羅什も廬山の慧遠も歿していた上に、東晋は宋に代わり宋の王室では仏教に対して大いに援助を与えたから、長安や廬山の学者が宋の都建康に来たり集まり、仏学は慧叡・道生・慧厳・慧観等の学僧によって頗る隆盛を呈することとなった。居士の研究者も輩出して仏教は知識階層の必須な教養となったのである。ここにおいてまず六巻泥洹経が従来研究されていた般若経に代わり最も異色あるものとして学者の視聴を集めていた所、やがて間もなく曇無讖の訳した四十巻の大涅槃経が到来し、しかもこの両本が同じ経の異訳なることが知られたから、ついにこれを対校することとなった。こうして六巻泥洹経は四十巻大涅槃経の初十巻に相当し、前者にあって十八品に分かれている所が後者にあってはわずか五品であることが初学の学習に難とする所であるにかんがみ、慧厳・慧観及び居士謝霊運等が相共に泥洹本によって品目を加え文の質に過ぎるものは改めて、その結果四十巻の経を三十六巻としたのであった。爾来宋・斉・梁・陳の南朝においては専らこの三十六巻本の経によって研究せられたのであって、古来四十巻本を北本経と称し三十六巻本を南本経と称することなっている。もとより南北両本は異訳と称すべきものではなく異訳としては六巻泥洹経と北本涅槃経のみであるが、南北両本と六巻泥洹経とは相互に密接な関係を有するから品名の開合については巻末の表について参照されんことを望む。その内容上における三本の比較は布施浩岳氏の著『涅槃宗の研究』前篇に詳しい。なお本経の第四巻如来性品の一部分に相当する梵文紙本一葉は、わが国の高野山宝寿院に所蔵され、大正大蔵経所載の本経の末尾に収録されている。西蔵大蔵経中には法顕訳の六巻泥洹経に相当するものが梵本より訳出されて現存し、また西紀一八七一年にビールS. Bealは本経の第十二・第三十九の両巻を抄出して英訳し、これをそのCatena of Buddhist Scriptures from the Chineseの中に収載した。わが国では島地大等氏が別冊の開題及び科文を附して南本涅槃経を国訳大蔵経に収め、常盤大定博士がその後北本涅槃経を国訳一切経の中に担当せられた。

第九章　涅槃経の流伝

涅槃経が翻訳された時これに参与して且つその序（巻末別掲）を作った道朗は、涅槃学者として知られる注意すべき人であるが、しかし中国における涅槃経研究史の上で、最初に最も大きな足跡を残したのは宋初の竺道生である。彼は羅什門下に俊英の多い中でも特に発天真をもって評されるほどの明敏な頭脳を持っていた人で、法顕の六巻泥洹経を研究してまず闡提成仏の説を唱えた。しかるに六巻泥洹経は一闡提の不成仏を極言しており、竺道生の主張は経文と全く反対の説であるから、これは悉有仏性という根本精神より当然一闡提にも成仏の可能が許されねばならぬという論であり、従って表面の皮相な解釈にのみ終始する一般学者から背経の邪説として糾弾されるのも無理はない。果然道生は大衆より擯出されてしまったが、後に大本涅槃経が建康へ伝わってみると何とその中には一闡提にも仏性があって皆成仏すべきことが説かれていた。道生の先の主張が正しく符契を合する如くであることが知られ、学者を驚歎せしめたのは当然である。

その後、宋では慧厳・慧観・謝霊運等によって曇無讖訳の四十巻大涅槃経を六巻泥洹経と対照して修治した三十六巻本のいわゆる南本涅槃経と称するものが作られたから、爾来宋・斉・梁・陳を通じて江南の地では専らこの南本経が研究せられ、特に梁の時代は中国仏教史上で一番涅槃経研究が盛んな時代であった。仏教学者はこぞってこれを研究し、宝亮という人の如きは生涯の中に涅槃経を講ずること八十四遍であったといい、天監八年勅を奉じて涅槃義疏を撰している。それのみではない、梁の武帝自ら法座に昇って衆のために涅槃経を講ぜられたのであって、武帝が涅槃経の制により躬自ら終生一切の肉を噉わざることを誓い自身にこれを断行せられたのみならず、天地宗廟を祀る犠牲までも撤去せしめられた。そして大勇猛心をもって菩薩戒を受持せられたが、このようなことは涅槃経の精神が既に実質上の感化影響となって具現していることを示す。当時既にこのような状態であったから、仏教学の上でも涅槃経は全仏経中の最高至極の教えと信ぜられ、この見地よりいわゆる三教五時の教判が組織された。すなわち涅槃経の常住と仏性とは他の地位を判定する標準とされるに至ったのである。ここに当時の学派を涅槃宗と称される所以が存し、その中での代表的なる学者に法雲・僧旻・智蔵の三大法師があった。三大法師の直前における涅槃経研究者の諸説を集録した涅槃経集解七十一巻が現に大蔵経の中に存して伝わっているのは幸いである。

その後、隋唐頃になると、天台大師智顗や嘉祥大師吉蔵が頗る法華経を唱導し、仏最後の説法である涅槃経までゆかなくてもその直前の説なる法華経の時に既に仏陀の真意は開顕されたと主張したため、涅槃経は昔日の如き至極究竟とせられる地位を保持し得ざるに至ったが、しかしさればとて涅槃経の研究が軽視されたり影響感化が稀薄となるという如きことはなかった。追説追泯といいまたは捃拾教といって落ち穂拾いの意義しか認めぬのにかかわらず、天台大師の宏遠なる仏教哲学は涅槃経の思想に負う所頗る多大なるものありしを否定し得ぬ。涅槃経への周密な研究なくしては天台大師の三大部を理解することは不可能であるといっても過言でない。従ってその弟子章安大師灌頂が大涅槃経の玄義と疏と合して三十五巻を作り、後にも唐宋時代を通じ天台宗の学者がこの灌頂の涅槃経疏を盛んに研究したのである。次に三論宗の嘉祥大師吉蔵もまた涅槃経をまたずとも既に法華経において如来常住の旨は明かされ仏出世の目的は達せられたと論じたにもかかわらず、その思想の根柢には涅槃経及び涅槃宗的な見方が著しく影響していること明らかで、彼も涅槃経遊意一巻を今日に伝えている。

以上は江南の涅槃教学に対する鳥瞰であるが、次に北地においても涅槃経の研究は決してこれに劣るものではなかった。北魏の頃より大いに学習せられたが、特に隋の曇延と慧遠とは涅槃学者の双璧であり名声一時に高かった。曇延の涅槃義疏は現存せぬが、慧遠の涅槃義記十巻は現に大蔵経中に収められ、これは四十巻の北本涅槃経に対する注疏として現存唯一の完備したものである。慧遠は地論宗の人であるからこれもまた涅槃経をもって唯一至極の教えとするのではないが、十地論や起信論の学者として著名な彼が涅槃経を研究するのは思想の中心部にそれだけの必然的連関があったためであることを知らねばならぬ。しかして北周の武帝が北斉に剋って斉境の廃仏を宣言した時、彼は敢然立って抗諫したが、その熱烈なる護法の信念は確かに護持正法を力説した涅槃経に負うものに相違ない。北周の廃仏に刺戟されて起こった房山の石刻大蔵経が、やはり涅槃経の雪山童子における若樹若石の発露実現たりしことは察するに難くない所である。なお次に如上の注釈的研究や組織教学への寄与として現れた外に、信仰方面に向かって頗る活潑な影響を与えた点のあるのを考察すれば、すなわち末法思想によって衝撃的新機軸を発揮した三階教の信行や浄土教の道綽等は末法法滅時を説く涅槃経の予言を見て驚異の眼をみはり、成仏の器としての自己の能力に深刻な疑いを懐いた。教は機根相応たるべきを確信して自己を反省する所に生きた信仰の力を見出したが、そこには涅槃経の一闡提思想と悉有仏性説とが根柢を成していることを見逃し得ぬ。また禅は金剛経もしくは楞伽経をもって根拠となすといわれるが、よく考えてみれば禅の中にもまたいかに涅槃経の要素が多くとり入れられていることか。見性成仏は涅槃経の強調する所、仏を仏性法身において認めるのでなければ無住の世界に遊ぶことはできぬ。拈華微笑の摩訶迦葉は声聞の人というより、涅槃経の迦葉菩薩の性格である。

唐代には三乗教の法相宗が勃興して五性各別の説を唱え、五種性の中で成仏し得る者は菩薩種性と不定種性の者のみとした。これは当然涅槃経によって代表される一乗教の旧宗と正面的に対立し、特に一闡提すら成仏すと説いた涅槃経の立場は、根本的に否認される結果となる。従って新旧両派の間に一乗真実なりや三乗方便なりやの論諍が熾烈に反覆されたが、不思議なことに涅槃経は一乗家の側より引証せられたばかりでなく、相手方の三乗家の側からさえ有力な根拠として往々用いられた。けだし涅槃経もその初めの方の部分では闡提不成仏を力説しているが故にこれが無種性者不成仏の証とされ、また涅槃と大涅槃との名において大小乗の涅槃観を批判していることがかえって小乗にはまた菩薩・仏と別な涅槃の境地が存在するという解釈あらしめたのであるが、しかし打ち明けていえばすでにこれは涅槃経の重要な地位故に法相宗側でもこれを無視し得なかったことを意味し、その結果ここに好都合な部分のみを断取して自説保証の資料たらしめたというのが当たっているであろう。その後、華厳宗が興って一乗家と三乗家との立場を融会する説を唱えたが、この派では三乗五性の別を認めながらしかも終極には一乗成仏に帰することを説いた。その根拠には涅槃経の闡提成仏の思想が原理的に採用されたのであって、すなわち一闡提は一闡提のままでは成仏し得ぬ、しかし一闡提が発菩提心すれば最早一闡提ではないからこの意味では一闡提もまた成仏することができるという涅槃経の思想が適用せられ、このようにして五性差別を位の上で説く方法がついに三乗と一乗との対立を解消せしめたのであった。かく見来たれば、仏教各宗はいかなるものでも殆どみな涅槃経に多かれ少なかれ関係を有せぬものはないといって過言でないことが知られるであろうが、中唐に会昌の廃仏で一旦挫折した以後宋代にまた仏教復興せりとはいえ、これより後は最早経を直接研究するのでなく経に対する祖師の疏釈を末注するにとどまった。その中で唐の灌頂の作った涅槃玄・疏に対し宋の智円が末釈した涅槃玄義発源機要四巻と涅槃経疏三徳指帰二十巻とは代表的な労作である。

なお朝鮮では唐の頃に新羅の義寂・元暁・太賢・憬興等の学者がこの経を研究し、元暁の涅槃宗要一巻は現存するが、日本では中国の涅槃宗が伝わらず涅槃宗を摂取し止揚した天台宗が盛んであったため、従って涅槃経も専ら章安大師灌頂の疏を通して研究された。

但し日本仏教では経に対する注釈としては別にとり立てて挙げるほどのものは出なかったが、先にもいったように本経が一乗三乗の論諍に際して双方より論拠とせられた関係上、わが国でもこの問題に関連して法相宗の護命や徳一、天台宗の伝教大師最澄や恵心僧都源信等によって大いに注意せられた。後に天台宗の比叡山から出た鎌倉時代の諸宗が、涅槃経の根本義を各々の宗義に影響あらしめていることは意外に深いものがある。親鸞聖人は阿闍世王帰仏の条を始めとしばしば涅槃経を引いて難化の機たるを猛省しもって仏の大慈悲を仰ぐの資としておられるし、日蓮聖人に至っては天台宗の教義を通して研鑽もさることながらその烈しい折伏精神が涅槃経の力説する護持正法の教えに激発される所あったことを否定し得ぬ。道元禅師もまた仏性は何ぞということを苦心究明せられた点で、涅槃経の実践者であったといえるであろう。わが日本仏教の中に涅槃宗なく涅槃経の疏も中国ほど盛んでなかったとはいえ、その精神が日本においてほど深く生かされている所はない。まさにわれわれの祖先は涅槃経を身読して、これを完全に日本的に消化しきったといっても過言ではないのである。

なお涅槃経に関する法会儀礼や思想の普及について一言すれば、梵網経の菩薩戒を通して涅槃経の仏性思想や慈悲精神が中国の南北朝以来普く感化を及ぼした力は大きいが、仏の入滅せられた娑羅双樹に因んで娑羅斎という法会が陳の頃には行われそれが後の涅槃会となっている。すなわち涅槃経に基づいて二月十五日を仏入涅槃の日とし、道俗が多く集まって礼拝設斎したものであって、中唐の頃入唐したわが慈覚大師円仁は山東省登州の赤山法華院で涅槃会に逢ったことをその旅行記である入唐求法巡礼行記に記している。もっとも涅槃会という名は明記せられず、宋の頃には仏忌と称していたようであるが、元の時代にも禅寺では仏涅槃の日二月十五日に供養諷経すべきことが百丈清規に見えているから、ながく一般に行われたものであろう。わが国では推古天皇の御物玉虫の厨子に早くも涅槃経の施身聞偈の図が画かれていることは有名であるが、涅槃会も古くより興福寺や石山寺を始め比叡山や高野山さては嵯峨の清涼寺・栂尾の高山寺・京都の大報恩寺等の諸大寺であまねく行われ、従って涅槃講式も撰定せられ涅槃の図像も作られた。中でも高野山金剛峯寺に所蔵されている釈迦牟尼仏入涅槃図は国宝に指定せられており最も有名なものである。今日でも四月八日の灌仏会と共に、二月十五日の涅槃会が民間に深く親しまれた行事となっていることは周知の通りである。

右のように行事として涅槃会があまねく行われていたことは、やがてまた涅槃経の思想が文学的方面にもよく浸透する結果となった。古く既に上宮聖徳法王帝説には、王命よく涅槃常住五種仏性之理を悟りたもうと見えている。古来弘法大師の作と伝称せられる「いろは歌」は今日もなお誰知らぬ者なく学び伝えているが、その意は涅槃経の有名な雪山求道の譚中にある「諸行無常　是生滅法　生滅滅已　寂滅為楽」の四句の意を詠じたものであった。経国集第十の中に、滋貞主の和三澄上人題二長宮寺二月十五日寂滅会一という一首があり、その中で涅槃実道に非ず如来生滅せず等というている。三宝絵詞の作者源為憲は山階寺の涅槃会を述べるに当たって悉有仏性のことを説いている。この涅槃会がもと常楽会と称されていたのは大涅槃に常楽我浄の四徳ありと明かす涅槃経に基づいたものであり、また涅槃会のことを一に寂滅会とも称されたが寂滅は涅槃の訳語なることというまでもない。

僧鏡が、

　きさらぎの中の五日は鶴の林に薪尽きにし日なれば、かの如来二伝の御かたみのむつまじさに、嵯峨の清凉寺にまうでて、常在霊鷲山など心のうちに唱へて拝み奉る

といい、また平家物語に、

　祇園精舎の鐘の声、諸行無常の響あり、娑羅双樹の花の色、盛者必衰のことはりをあらはす

というなど、これら人口に膾炙している珠玉の文字はいずれも涅槃経の寿命品に取材したものである。しかして仏御前に寵を奪われた祇王が入道相国を怨んで歌ったといわれる今様に、

　仏も昔は凡夫なり、我等も遂には仏なり、何れも仏性具せる身を、隔つるのみこそ悲しけれ

とある如きに至っては、一切衆生悉有仏性の深旨が既にわが国の文学中に完全に消化し尽くされているのをみる。涅槃経はインドに起こり中国で研究されたが、真に生きた血となり肉となって思想の上に感化を及ぼしたのは実にわが国に来たって以来最も著しかったの

である。

涅槃哥 三首

拘戸那《くしな》城には西北方、跋提河《バッタイカ》の西の岸、娑羅や双樹《しやうず》の間には、純陀《ずだ》が供養を受けたまふ

釈迦牟尼仏《ほとけ》の滅度には、迦葉尊者《かせうそんざ》も逢はざりき、歩みを運びて来しかども、十六羅漢もおくれにき

二月十五日朝《あした》より、これらの法文説き置きて、漸く中夜《ちうや》に至る程、頭《かうべ》は北にぞ臥したまふ

梁塵秘抄 巻第二

後篇　本文解説

第一集　仏寿の巻

寿命品・金剛身品・名字功徳品

最初の寿命品は泥洹経の初五品に相当し第一集の中においての主部たると同時に、この経全体の中での最も原始的な部分といってよい。仏陀涅槃時の光景が題材として一番多く取り入れられているのはこの部分であって、涅槃の宣言、純陀の供養、大衆の哀歎、質疑の催促、迦葉の登場等これらは確かにこの経をして涅槃経たる決定的性格をもたしめた根本要素といえる。しかしそれらも実は単に流用された素材たるに過ぎなかった。本経はそうした素材を借用しながら思いきった構想を施して、巧みに大乗思想主張のためのよき舞台道具たらしめているのである。すなわち仏の涅槃に際し大衆が集まり来たったことより説き起こし、仏に最後の供養をした純陀をして仏身の常住を説かしめ、大衆の哀歎に託して常楽我浄を宣言し、仏遺弟中の長老たる摩訶迦葉を菩薩として長寿の業を問わしめている。その構想の巧妙さはこれを文学的作品として見ても優に他の諸大乗経に劣らぬものであるが、哲学的卓越に至っては既にこの品の中より充分注意すべきものを現している。

集　衆　大比丘八十億百千人と倶に拘尸那城力士地阿利羅跋提河のほとり娑羅双樹の間に在した仏は、二月十五日涅槃の時に臨んで、仏の神力により世界の隅々にまで聞える大音声をもって告げられた。衆生を憐愍し衆生を覆護して衆生を平等に視ること一子羅睺羅に対すると異なることなき大覚世尊は、今まさに涅槃せんとしている。一切衆生もし疑いあらばよろしく悉く問うて最後の問いをなすべしと。この時世尊は面門より光を放って十方世界を照らし大地の諸山大海は皆震動してあらゆる衆生を警覚させた。人々は疾く如来の所に至って涅槃したまうなからんことを勧請しようとし、また互に手を執って世間空虚世間空虚今より後は救護あるなしと号泣した。時に摩訶迦旃延・薄拘羅・優波難陀等の諸大弟子をはじめとする八十百千の諸比丘と拘陀羅女・善賢比丘尼・優波難陀比丘尼・海意比丘尼等をはじめとする六十億の比丘尼等が仏所に集まり、その他海徳等の菩薩、威徳無垢称王等の優婆塞、寿徳等の優婆夷、毗耶離城の離車・日光長者等の大臣長者、阿闍世王を除く諸王、阿闍世王の夫人を除く諸王夫人、広目等の天女をはじめ以下龍王・鬼神王等より風神・主雲雨神や獣王・飛鳥王・諸神仙人及び閻浮提中の一切蠭王に至るまでこれら大群集が仏の所へ来至した。すべて五十二衆あり、みな如来に最後の供養を捧げようとして集まったのである。その時、閻浮提中の比丘・比丘尼は一切皆集まり、来至せぬのはただ摩訶迦葉と阿難との二衆のみであった。否、集まったのはそれら生類のみではなく、諸山及び河海の神までも仏所に来至した。世界を挙げて有情無情の万物悉くが来集したのである。

鶴林　その時拘尸那城の娑羅樹林はその色変じて白色となった。なお白鶴の如しといわれており、有名な鶴林の称はこれより起こる。空中には自然に七宝の堂閣が出現し、種々の荘厳甚だ愛楽すべきものであったけれども、如来涅槃の相をみたこの諸天人等には何の楽しいこともなかった。みな深き愁いに沈んで寂として声がなかったのである。四天王・釈提桓因・梵天王・阿修羅王等も各々供具を携えて仏所に来たったが、やはり如来は黙然としてこれを受けたまわず、来集せるものはすべてみな所願を果たさずして愁悩を懐いて一面に侍していた。特に注意すべきは欲界の魔王波旬が地獄の門を開いて刀剣無量の苦毒を除き、自ら眷属無量の大衆を率いて仏所へ来たったことである。夥しき供養の品を持ち来たった波旬は仏足に稽首して申し上げた。我等今は大衆を愛楽し大乗を守護す、正法を護り大乗を護るために呪を説かんと。これに対して仏は魔波旬より飲食の供養は受けず、ただし、所説の神呪のみを嘉納せられた。そこで波旬もまた所願を果たさずして愁悩に陥ったのであるが、これを遊行経に比すれば如何。彼所にあっては仏より入涅槃の言質を得て歓呼の声を挙げた波旬であるが、今は大乗を守護し大乗を愛楽する護法の性格に一変しているではないか。

以上で此の世界の来至供養は終わったが、経は次に四方の仏国よりの来集を説く。すなわち東方世界の虚空等如来のもとにあった第一の大弟子無辺身菩薩が彼の国の香飯を捧持して此の土へ来至したのをはじめ、南西北方の諸仏世界にもまた無量の無辺身菩薩があって各々供養を持って仏所へ来集した。無辺身菩薩は身大無辺にして量虚空に同じく、諸仏を除いては何人もこの菩薩の身量辺際を知ることができぬといわれている。畢竟全宇宙全世界が一切悉く仏陀の入涅槃という事実の前に集結したのであって、そのようにありとあらゆるものが集まった中にただ尊者摩訶迦葉と阿難の二衆及び阿闍世とその眷属とのみが来集しなかったということはよくよくのことでなければならぬ。われわれはここに仏の入涅槃に際し迦葉・阿難と阿闍世王の眷属が居あわさなかったということを説くために、涅槃経作者がいかに苦心して強調しているかを見るべきであろう。乃至毒蛇や十六種行悪業の者までがみな慈心を生じて来集したというのに、迦葉・阿難と阿闍世王の眷属のみは来たらず、一闡提の者も来なかった。

その時仏の神力により地は柔輭となって西方の極楽世界の如く荘厳され、十方の仏国があたかも明鏡にて姿を写すが如くに見られた。しかし如来の先に面門より出された光明が再び口より還り入るに及んで、会衆はこれを最後涅槃の相なりと知り、無上の法船ここに沈没す、嗚呼痛しい哉、世間大いに苦なりと悲号啼哭し、ついに自ら堪うる能わず身の毛孔より流血して地にそそぐに至った。〔以上巻一〕

二　施　その時会中に拘尸那城の工巧の子で名を純陀という一優婆塞があった。同類十五人と倶にいたが、座より起ち仏足を頂礼して世尊及び比丘僧、われらが最後の供養を哀受したまえと懇請した。仏はこれに対し、われ当に汝に常命色力安無礙弁を得せしめる、成道に際して施食せると涅槃に際して施食せるとその果報は異なる所がないが、われ今汝より最後の供養を受けるから汝をして檀波羅蜜を具足せしめるのであると説かれた。涅槃経の仏身論はまずこの二種施食の果報無差なりという命題より展開するのである。常識的見解に従えば、仏も成道以前にはその身に煩悩未だ尽きず一切種智また未だ得られていないが、成道して後、涅槃に入らんとしておられる時の仏には煩悩すでに尽きすでに一切種智を成就しておられる。故にたとい施食という点のみは同一であっても、先の場合の受施者は雑食身・煩悩身・無常身であり後の場合の受施者は無煩悩身・金剛身・法身・常身であるから、これに対する施の果報が同一なりとはいえぬはずである。しかし涅槃経に従えばこのような解釈は正しいとはいえなかった。

一体成道とはいかなる意味か。それは仏性を見ることに外ならぬが、仏性を見る者の上についていえば始成始見をいい得られても見らるる仏性の上からすれば始めもなく終わりもない無始常住のものである。故にいま仮に仏性を能見する側から説いても、飲食を受けその食が消化し仏性を見て成道したとすれば、その場合の施食は仏の因であって涅槃の時の施食と何等果報の優劣あるべきものではないが、もしまたこれを所見の仏性の側より説けば、仏性には始めも終わりもないからその仏性によって立つ仏身は伽耶にてはじめて煩悩身を離れて成道したのでなく、すでに無量無辺阿僧祇劫以来食身・煩悩身を離れて常身・法身・金剛身となっているのである。このような如来の身はすでに無量阿僧祇劫以来飲食を受けることがないのであって、前に難陀・難陀波羅の二牧牛女より乳糜を受けて成道したと説いたのはただこれ声聞のための説であり、真に仏が乳糜を受けて成道したというのではない。よろしくこの仏性に根拠した仏身に眼をつけるべきであると。これが涅槃経のまず冒頭に提出せられた仏身観である。遊行経もまた二施の果報無差なるを説いたが、いま涅槃経はその同じ命題をとらえながらこれを百八十度に転回させているのに注意しなければならぬ。遊行経では純陀の施食が入滅を禍する原因となったのではないことを説こうとして二施の果報無差なりといいむしろ重点は涅槃の際の施食に意義あらしめるにあったのであるが、いま涅槃経においては逆に重点を成道前の施食におき成道の前の施食が成道後の施食に劣るものに非ざるを説くことによって、二種施食の果報無差なる根拠を仏性という所に発見した。いい得るならば、遊行経には純陀の罪を救って仏の涅槃を正常視しようとする宗教的情操の発露が見られ、涅槃経には同じ二種施食果報無差なる命題によりながら、進んで仏陀の本質探求という哲学的思索へ転換せしめていると見られないであろうか。とも角われわれはここに素材を巧妙に転用した涅槃経の思想的鋭敏を認めずにおられぬ。

純陀　さて上述のように、仏は大衆の供養を受けられなかったが今や純陀の最後の供養を受けられると聞いて、大衆は歓喜し声を揃えて純陀を讃歎した。人中に生ずるは得難く仏に値うも甚だ難い。信を生じ法を聞くはなおさら容易でないが、まして仏の涅槃に臨み最後の供養を成し得るということはその因縁尋常のことではない。南無純陀、南無純陀、汝今純陀は真にこれ仏子なりと大衆に歎ぜられたのはまことに所以あることで、純陀が菩薩の資格にまで高められる経緯はここに汲み取ることができよう。最後の供養をひとり嘉納せられることのできた純陀は歓喜して措く所を知らず、おのれの幸福を喜び、進んで如来の世間に久住したまわんことを請じたけれども、しかしこの懇請は容れられなかった。諸仏の境界は悉く無常にして諸行の性相かくの如くなるが故に、仏の久住を請ずべからずと制せられ、次いで仏は純陀のために偈を説いておられるが、その中に、一切諸の世間、生ける者みな死に帰す、寿命無量なりといえども、必ずまさに尽くるあるべし、それ盛んなれば必ず衰うるあり、合会すれば別離あり、壮年久しく停まらず、盛色も病に侵さる、とある。これがいわゆる盛者必衰会者定離の典拠であって、人口に膾炙する平家物語の冒頭の文に娑羅双樹の花の色、盛者必衰のことわりをあらわすといっておごれるものの久しからざるを説いたのはこれに基づくのである。

純陀と文殊　純陀は次いで、われ仏菩薩の神通力をもっての故に大菩薩の数にあるを得たり、故にわれいま如来をして世に久住せしめんと欲すと言った。ここで菩薩たる純陀と菩薩の大龍象とせられる文殊師利法王子との間に激烈な問答が始まる。文殊は諸行の性相が空無常であることを主張して、如来を世に常住せしめようとするも不可なるを難ずるが、純陀はかえってこれに逆襲し如来は豈これ行ならんや如来を有為無常なりという者あらばこの人死して地獄に入るべしとまで責めつけた。さすがの文殊も滔々たる純陀の論難に舌をまき、ついに善い哉善い哉、汝今すでに長寿の因縁を作しよく如来はこれ常住の法・不変異の法・無為の法なるを知れりと称歎し、如来はまさに涅槃せんとしておられるから速やかに供養をなせと促すが、純陀はまたしても如来身はすなわちこれ法身なり食身に非ず、汝は今も実にまた如来正覚がこの食を受けられると謂っているかと反駁した。純陀に逢ってては大菩薩文殊すら今や全く手も足も出ぬのである。その時仏は文殊に告げられた。是の如し是の如し、純陀の言の如し、善い哉純陀、汝すでに微妙の大智を成就してよく甚深大乗の経典に入れりと。軍配は今や純陀にあがった。文殊の敗北は決定したのである。こうして経はついに文殊をして純陀にむかい、是の如し是の如し汝の説く所の如し、われ此の事において達せざりしに非ず、ただ汝に諸の菩薩の事を試みんと欲せしのみと言わしめているが、如上の表現は最後に至って緩和の策を講ぜるにもせよ辛辣まさに肺腑を衝くものがある。読者はかの維摩経において維摩居士とほぼ対等に近い対応をした文殊が、今や一純陀の前に余りにもみじめな姿におかれているのを想起せられるであろう。けだしこれ文殊を抑えたのは、畢竟純陀を高めんがための手段に外ならぬのである。

その時世尊は面門より光を出して文殊の身を照らされたので、文殊はこれが涅槃の近づいた瑞相なるを知り、最後の供養を仏及び大衆に奉献すべきを純陀に告げた。仏もまた純陀にいままさにこれ時なり如来まさしくまさに涅槃すべしと告げられた。理性の純陀は再び感情の人となって慟哭する。ひたすら世に久住して涅槃したまわざらんことを哀願し、我等及び諸の衆生のためにと願ったけれども、仏が、われがいま涅槃に入ろうとするのは汝及び一切を憐愍するが故であると説かれるに及び、その切なる願いは最早如何ともする術を失った。彼は如来の涅槃が教化のための方便示現たるを百も承知しながら、理性は感情を制する能わずこみ上げる憂悩を抑えることができなかった。こうして純陀は如来に慰喩されながら、愁いに満ちて眷属を引きつれ文殊と共に座を去った。智に秀でて情に濃やかなる典型的性格を、われわれは純陀の悲劇的役割の上に認めるのである。以上が南本経の純陀品の梗概である。

純陀と文殊が去ってほどなく、大地がまた六種に震動した。まさにただごとではない。人天同声に哀泣してただ久住したまえ涅槃したもう勿れと願ったが、仏より諸仏の法皆爾り凡夫の如く啼哭する代わりに精進して心を正念に繋ぐべしと喩されて哭きやんだ。哀歎品の称はこれによる。

三　徳　仏は諸比丘に告げられた。もし疑惑あらばいまみなまさに問うべし、汝のために先に甘露を説きてしかる後に涅槃に入らんと。涅槃経の大師子吼はここに開かれようとするが、仏がまず開説せられたのは三点不縦不横の秘密蔵であった。梵字の∴《イ》字における三点の如く摩醯首羅即ち大自在天の面上における三目の如く、解脱と如来の法身と摩訶般若（智慧）とこの三法は不即不離なりというのが秘密蔵の内容であった。世に涅槃の三徳と称されるのはこれである。解脱を離れて如来の身もなければ摩訶般若の智慧もあり得ない。同様に如来の身を離れては解脱も摩訶般若も存し得ぬ。摩訶般若の智慧なくして解脱や如来身の存立し得ざることも明らかである。三法相互に相依り相俟ってはじめて三法それぞれの意義を全うする。これが不縦不横の意であるが、既に然りとすれば解脱と般若を離れて別に如来の身のみ独存するという考え方がここに崩壊せざるを得ぬのは当然であった。如来の身が解脱と般若をまってのみ成り立つものとすれば、如来の肉身はもとより仏の本質でないことが知られるであろう。般若と解脱が常住なる如く、如来の本質も有為無常なる肉身を離れた常住の境地でなければならぬ。

常楽我浄　三徳秘密蔵の説はこうして仏身常住に根柢を与えることとなるのであるが、仏はわれいま是の如き三法に安住して衆生のための故に涅槃に入ると説かれたから、この三徳をもって内容とする涅槃が単に死を意味する無常のものでないことはいうまでもない。涅槃をもって聖者の死という意味に解していた従来の立場は根本的に修正を余儀なくされるのである。これまでは涅槃といえば直ちに無常と思ったものが、いまや涅槃は常住を属性とすることになった。これに応じてすべての物の見方は変化せざるを得ぬ。諸行無常諸法無我一切皆苦なりとは三法印として仏教の旗印とまで信じ来たったのに、この三種の修は最早到底絶対といえぬ。現に仏は何物にも束縛されぬ大我であり、法身は無為常住の法であり、涅槃は苦なき楽の境地であって、このような法は清浄にして穢れなきものである。法身といい涅槃といい法といい仏というも帰する所は大涅槃に外ならぬから、結局大涅槃は常楽我浄を属性とし、従来考えられてきたような苦・空・無常・無我の法とは全く相反するものである。常楽我浄は顛倒と考えられていたが、大涅槃についていえば顛倒どころではない、大涅槃は常楽我浄たらざるを得ぬことが明らかとなった。先に二種施食の問題より展開した仏身論は今や三徳秘密蔵を経て常楽我浄というところまで達したのである。しかるに仏よりこの説を聞きおわった諸比丘は、もしすでに如来がこのように四倒を去って常楽我浄を了知したまうならば、何故に一劫でも半劫でも住まってわれらを教導し四倒を離れしめたまわぬのか。如来もしわれらを顧念せずして涅槃に入りたまわば、われらもまたまさに仏世導に随って涅槃に入るべしと言った。少しく理に偏した語調のようではあるが、その奥には法灯を失って共に師に殉ぜんとまで思いつめた弟子教団の衷情を汲みとるべきであろう。そこで仏は告げられた。汝等かく言うべからず、われが今所有の無上正法は悉くもって摩訶迦葉に付嘱す、迦葉はまさに汝等のために大依止となるべしと、これはもとより摩訶迦葉が仏滅後の教団に伝灯の中心となった事実を反映するものではあるが、後に長寿品に至って法宝は声聞に付嘱すべからず菩薩に付嘱すといい、声聞比丘摩訶迦葉ではなく新たに迦葉菩薩なる者を登場せしめているのと思い合わせて興味が深い。これについては後にまた論ずることとする。

客医乳薬　上述のように仏は常楽我浄の法を説いて、従来力説されて来た無我論と反対に我を主張し、如来は我なりと宣せられた。それでは先に諸法は無我なるが故にその無我を修学して我想を離れ、我想を離れることによって憍慢を離れ、もって涅槃に入るべしと説かれた教えは一体如何なることになるか。無我を修して涅槃に入るというのは全く誤りであったかという疑問が当然起こらざるを得ぬ。この疑問は頗る重大な意味を持ち伝統的信仰からの逆襲反撃として必然予想される所である。しかし経はこれに対して有名な客医乳薬の譬喩をもって答えた。譬えば闇鈍なる国王の下に性来頑冥な一医者があったとする。その医師は王より厚禄を賜わっているが、病根を識別することができぬからどんな病についてももっぱら乳薬のみを与えていた。しかるにのち方薬に通暁する一明医が来たり旧医に附して王宮に入るを得、王のために詳しく種々の医方を説いたので、王は始めて旧医の無智なることがわかり旧医を逐い出して客医を尊敬するに至った。そこで客医は今こそ王を教誡する好機なりと考え一策を案じて、旧医の用い来たった乳は毒薬なるが故に今後は国内に令して絶対服用せざることとせられたく、もしこれを服するものは厳罰を科せられたいと願った。そこで王はその願い通りにし、爾来客医は種々の味を和合して衆薬を調剤したのである。勿論それでいかなる病も治らぬことはなかった。しかるにその後王自らが病を得て重態に陥った時、その明医はにわかに乳薬を服すべきを献言した。王の驚きは一方でない。汝狂えるか、然らずんばはた又われを欺けるか。乳薬真に毒ならば今これを服せしむるは何ぞ、乳薬毒に非ずんば旧医確かに汝に勝るとつめよった。しかし客医は従容として答えた。虫あり、木を食して字を成せども、この虫は是れ字なるや字ならざるやを知らず、されば智人もこれを見てついにこの虫よく字を解すとは言わざるべく、また驚き怪しむこともないであろう。このように旧医が諸病の分別なく一切に乳薬を用いたのはあたかも虫がたまたま字を成したのと同様で、真に乳薬の善悪良否を知った上でのことではない。乳薬もそれを出す牛の飼育法如何によっては毒害ともなり甘露の妙薬ともなるから、乳薬なれば悉く是なりというのは甚だ危険であると。王はここに始めて客医が真に大医なるを知り自ら乳を服して病を除き、瞋もとより解けて爾後は乳薬を服すべきを国内に令したという。この譬喩は興味が深い。いうまでもなく旧医は外道であって客医は仏陀であり、乳薬とは我を喩えたるに外ならぬ。すなわち仏は外道が我を説くけれども外道は真実に我を知らずしてこれを説くから、まず無我と説いて衆生を調え然る後に衆生の機の熟したのを見て真の我を説いたのが今の涅槃経であって、一見すれば仏が先に無我と説き後に我と説くのは矛盾の如くであるが、仏の真意よりすれば決して矛盾ではない。無我と説いた時既にその根柢に我がはっきり予想されていたのである。先に無我として否定せられた我といま我として肯定せられる我とはその本質全く異なることを注意すべきであって、先には我を個体的にもしくは実在的に考えられていたからかかるものを否定する意味で無我と説いたのであるが、いま我というのは我なる実体が存在すというのでなく、法性が真実にして常住であり自ら主となって他の所依となりそれ自身の性が不変なることを我と名づけたのに外ならぬ。すなわち我はあくまでも力用属性であって個的存在ではないのである。こ

うして涅槃は無我と我とを撞着せしめることなく、よく小乗の教義を大乗への方便として包容してしまったのである。〔以上巻二〕

迦葉菩薩　第三巻の初めに至り仏は再び諸比丘に対して、汝戒律において疑いあらばいま汝の問を恣にせよと勧められた。しかし諸比丘は、法宝は声聞に付嘱されるべきではない、阿難や大迦葉の如きでも声聞はみな無常で久しく住することができぬから、無上の仏法は是非とも菩薩に付嘱されるべきである。故に如来に深法を咨請することも諸大菩薩にしてのみよくなし得る所で、われら浅智なる声聞は到底その分でないと言って辞退する。そこで仏は声聞の態度を称讃しいかにも大乗は諸菩薩に付嘱すべしといい、今度は一切の大衆に向かって咨問を勧められた。するとその時衆中より一菩薩が起立し進んで自ら請問の人となった。その菩薩は姓を大迦葉といい、もと多羅聚落の人で婆羅門種の青年であったといわれているが、この大迦葉がこれより後ずっと長く涅槃経の中心人物となる。迦葉菩薩は第二十巻の嬰児行品まで登場し、徳王品と師子吼品では一旦姿を消すが迦葉品では再び現れ、巻数の上でいえば迦葉菩薩が仏陀の相手となって問答している所は涅槃経中前後二十四巻に及ぶ。これをもってみても、涅槃経中で迦葉菩薩がいかに重要の地位を占めるかが知られよう。声聞の摩訶迦葉を廃して菩薩の大迦葉を登場せしめているのは涅槃経作者の苦心の存する所、これについては別に前にこれを論じたから今は詳説しない。

問偈　さて敢然起った迦葉菩薩は敬虔にも、いままさに仏の神力を承け及び大衆の善根威徳によって少しく発問せんと言い、次に問おうとすることを二十三行の偈で述べるが、この偈の内容は甚だ多方面にわたっておりあたかも涅槃経全体の所説目次たる観がある。故にこの点に着眼し中国では南北朝の頃から涅槃経を勧問・答問及び付嘱流通と分科する方法が普及した。もっとも問の数を数えるのは諸家区々で或いは三十二・三十四・三十五・三十六・三十七等の諸説があって、天台大師の弟子灌頂は三十四に数え、隋の慧遠は具さに四十二問ありとしているが、しかしいずれにもせよ涅槃経のこの後における所説が迦葉の発した二十三行の問偈に答えたものと見ることは古来学者の一致する所であった。仏はこの後、迦葉がよく問えるのを賞して次第に答問せられるが故に、古来の学者がなした如く右の偈はこの後の答問に対する目次と見ることは強ち不自然ではないようであるが、しかし厳密に何品のいずれの部分は前の偈の中の何の問いに答えたものかを判別するというのは到底不可能である。故にこの問いに対する答えが遥か経末にまで及ぶか或いは経の半ば大衆問品までにて終わるかは学者によって意見が一致せず、梁代の学者や慧遠等は前説をとり灌頂は後説をとった。いずれにしても本来計画的に目次を立てて後それに従って論議を展開し、もしくは論議を要約して後、目次を作って前へ附加したというほどのものではないから、厳密に前後を対応させようとすればいきおい牽強附会に陥るのを免れない。

故に今右の事実のみを紹介し、ここには自由な立場で以下の解説を続けてゆこうかと思う。

長寿の業　さて前述の偈の冒頭において迦葉菩薩は云何が長寿を得て金剛不壊の身なる、と問うたので、仏はまさに汝のために如来所得の長寿の業を説くべしといい、まず寿命長きを得る因縁より説き始められた。それでは長寿の業とは何ぞやというに、それは一切衆生を護念して子の如く思えというのである。大慈・大悲・大喜・大捨を生じ不殺戒を授けて善法を修習し、人天に在る者には五戒十善を行ぜしめ苦趣に在る者には自らその中へ入って苦悩の衆生を救済せよというのである。要するに一切衆生を護念するのが長寿を得る業であって、仏もまたこの業を修習して仏果を得たとせられているから、衆生を憐愍愛念することがいかに重視されているかが知られるが、それでは何故にいま長寿の業が問題となったか、先に如来は常住不変易の法なりと説きながら何故に今度は長寿という問題の出し方をしているのか、また何故に長寿の業として衆生を護念するということが要求されねばならぬのか、これは一考を要する。翻って思うに長寿ということと常住ということとは現在のわれわれの観念よりすれば異なった視角でこれを同一視し得ないのであるが、経家にあっては両者は全く別なものではなかったであろう。如来常住となして仏を無為不変の法の上に見んとするも、その仏身を寿命という観点からいえばやはり長寿という語で表現するより外に方法がない。法華経の寿量品が常住といわずして久遠の生命を説くのもこれがためであって、常住の法身というより長寿の仏身という方がいかに仏の慈悲を示すに適切であることか。仏の慈悲は無限なるが故に仏の生命もまた無限ならざるべからずとの信仰がついに如来の不滅を確信せしめ如来の常住を宣言せしめたのに外ならぬから、このように見る時仏身の不滅を説こうとする涅槃経がまず長寿という所に着眼し、長寿なる所以を仏の限りない慈悲哀憐の情に見出したというのは、人情の上からいっても理論の上からいってもけだしこれ自然必然の結果ではなかろうか。如来常住を説こうとする涅槃経が、品名を寿命品と呼んでいるのも決して偶然ではない。

愛念呵責　いささか傍論にわたったから本文に戻る。さて仏は一切衆生を護念して一子の如く想うのが長寿の業なりと説かれたから、ここに問題が起こった。すなわち一切衆生を一子の如く思えというならば、仏法の中には破戒の者もあり逆罪をなせる者もありまた正法を毀る者もあるが、彼等に対しても一子の如く平等に憐愍を加うべきか、善業の者と悪業の者を差別せぬのは然るべきでないという意見が生ぜざるを得ない。しかし大慈悲に徹せる仏はいかなる者をも漏らす所がなかった。正法を毀謗した者も一闡提も或いは殺生し乃至邪見にてことさらに禁戒を犯した者に対してまでも、われはこれらにおいて悉く悲心を生ずること、一子羅睺羅に対すると異なる所がないというのである。しかしそれは破戒壊法の者をそのまま容認するという意味では決してない。破戒壊法の者があったならば即刻これを駆遣し呵責すべきであって、もし知ってこれを放置するならばその人は仏法中の怨なりとまで非難せられる。破戒壊法の者を駆遣し呵責するのは愛念をもってなすのであるから、一切衆生を平等に護念するという本旨にそむくものではない。否、もしこれをなさなければ護念衆生の平等心は欠けるといわざるを得ないのである。こうして壊法の者を視ることも等しく一子の如しとした仏は、いま無上の正法をもって諸王・大臣・宰相及び比丘・比丘尼・優婆塞・優婆夷の四部衆に付嘱せられた。四部衆とならんでむしろそれに先んじて国王・大臣の名が付嘱を受けるとされているのを注意しなければならぬが、しかし実はこの所に卒然と付嘱のことを説くのは全く前後と連絡せぬ文章であって、この部分が六巻泥洹経に相当文を有せぬ所より推して後の混入なるは疑いない。大本涅槃経が六巻泥洹経に比し夾雑的要素を混入していることはここの場合を一例としその他往々認める所である。

変化身　一切衆生を一子の如く平等に護念するのが長寿の業なりということから、上述の如く破戒壊法の者に対する取り扱いが一波瀾を起こしたが、今度はまたその原則が寿命極短なる釈尊についてはいかに解釈されるべきかという問題に発展した。何となれば菩薩が平等心を修せるによって長寿を得て世に常住を得るというならば、釈尊は必ずや長寿たるべきはずなるにかかわらず、しかも実には人間に同じく寿命は極めて短いのを如何せん。

百年に満たない短寿なりというのは、世尊が昔日何等かの悪業をなし幾ばくかの命根を断ぜられたためと考えねばならぬこととなる。これをいかに領解すべきかというのが迦葉菩薩の次に提出した所の疑問であった。しかし迦葉菩薩のこうした疑問が許さるべきでないことは勿論である。仏はここにおいて変化身の説を出し、仏身論の新たなる展開によって極めて明確なる解答を与えられた。経に従えば、如来が常住不変なるは不動の真理である。短寿をもって涅槃したもうと見るのは、それは仏の本身ではなく変化身であって、すなわち衆生を化度せんがために衆生に示同して捨命入滅を示現するに外ならぬ。その身が仏の法身・本身に非ざるはいうまでもなく、またそれは雑食身すなわち真実の肉身でもない、畢竟化度のために示現した変化身であることを知らねばならぬと。化度のために涅槃を示すということは法華経の寿量品をはじめ諸大乗経に往々説かれたことではあるが、常住法身と変化身との二身説が明確化されている点は仏身観の歴史上本経をして特異の地位あらしめるものというべく、その観念の根柢に法華経の方便思想が強く流れているということを観取すべきである。

なお寿命品はこの後世間法と出世法との相違を論じ、法性と身との関係を略説し、仏法僧の三宝が一体常住なるを説いておわっているが、その中で一の譬喩を説き、闇中の樹に影なしとは、実に影なきに非ずただ肉眼の所見に非ざるものである如く、如来の性常住なるること及び三宝の一体なることも無智なる凡夫の人がこれを知らぬのみで、その理は凡人知らざるが故にこれなしということはできぬと説く。仏智と凡智との差が厳然と立てられてこの品をおわる。〔以上寿命品〕

護持正法　次に金剛身品は大体前の寿命品の延長であり、仏身観においては別段特異な説はない。如来身は常住身・不可壊身・金剛之身にして雑食身に非ず、すなわち是れ法身なりという所から品名を金剛身と名づけたもので、如来が金剛身ならば何故に病苦や入滅等のことありやというのに、それは衆生を調伏せんがための示現のみとなす。これは前品に既に弁明した所であった。しかし護持正法を強調しているのはこの品において特に注意すべき説で、仏は護持正法によって金剛身を得たのであるとさえいっている。護持正法とは刀剣を執って持戒清浄の比丘を護ることである。迦葉菩薩は、守護を離れて空閑に独処するのが真の比丘で随逐して守護する者は禿居士なりと言ったが、仏はかえって誦経坐禅の消極的態度に安んじ師子吼する能わず非法の悪人を降伏する能わざる者は自利する能わずまた他の衆生を利することもできぬ。このような輩は懈怠懶惰の者と評すべく、たとい持戒して浄行を護っているというも実は無能者たるを免れぬとしりぞけられた。さればこれによって国王・群臣・宰相・優婆塞等の如き出家の比丘に非ずして説法人を護る者の地位が護法の人としてははなだ高く評価され、禿居士の称は法を護らざる者に付けられねばならぬ。われわれは、常好坐禅を排して、みずから在家に在りながら正法の講宣と護持とに範を垂れられた聖徳太子こそ、まさしく涅槃経の精神を体現せられた方であると思うのであるが、なお涅槃経ではここで有名な一つの本生譚が説かれる。過去世にこの拘尸那城の歓喜増益如来が涅槃された後、覚徳と名づける一持戒比丘を多くの破戒比丘が迫害したが、護法のためにこれらの破戒の悪比丘と戦闘して持戒比丘を救った有徳国王は、満身に瘡痍を蒙ったけれども命終して阿閦仏国に生じて彼の第一弟子となり、覚徳比丘はまた彼の阿閦仏国に生じて声聞衆中の第二の弟子となった。第一弟子となった護法の国王有徳こそは釈迦の前身であり、第二の弟子となった持戒比丘覚徳は迦葉仏であったという。持戒と護法との優劣がこの本生譚の中に極めて明瞭に表現されているのである。さて護法のためには刀杖をも執って起つことが要求されるが、刀杖を執る如きはもとより伝統的戒律よりは許さるべきではない。しかも正法を宣揚し邪衆を摧伏するには是非とも威儀を具えることが必要となる。故に涅槃経では、護法のためならば刀杖を持つといえどもこれを持戒と名づくと断定し、刀杖を持つといえども命を断ぜざればこれを第一の持戒と名づくといっている。また善持律とは衆生を調伏して利せんと欲するがために諸の戒相を知ることなりとも説いているが、要するに戒律を守るということは自己一身の修養という如き消極的な目的のためでなく、正法護持のため衆生愛護のためという大乗的な菩薩精神をもってそ

の基礎となさねばならないというのが、涅槃経の戒律に対する見解であったのである。〔以上金剛身品〕

名字功徳　次の名字功徳品は第一集たる寿命品以下の三品の中で流通分に相当し、説経が一段落ついたことを示す内容をもつ。この経を大般涅槃経と名づけること、この経は諸経の中で最勝なること、涅槃は示現なること、三宝は常住なること等がわずか一枚半ほどの中に説かれているが、涅槃経の名を聞けば功徳無量なりという点から名字功徳品と名づけたもので、六巻泥洹経ではこの品を受持品と名づけている。〔以上名字功徳品、以上巻三〕

第二集　如来性の巻

如来性品・大衆所問品

如来性　前の第一集の主要部は寿命品であったが、第二集の主要部を成すものは如来性品である。大衆所問品はあたかも前集における金剛身品及び名字功徳品と同じく、前の主要部に対して補足、派生、結説等の意義を有するに過ぎぬ。しかして如来性品は六巻半の大きな分量を有するから、六巻泥洹経及びこれを参酌した南本経ではこの一品をこまかく十品に分けているが、その全体に通ずる根本的な問題は何かといえばそれはいうまでもなく如来性であった。如来性とは如来の本性であって即ち如来の如来たる所以である。仏性というも同じであって、涅槃経の中では通常仏性と称されている。その仏性をあらゆる角度から究明するというのが如来性品の課題であって、如来常住については寿命品で既に論ぜられて来たが、今度は一歩を進めて如来の常住不変なる所以は如来の本質の中に存し、如来の本質はまた一切衆生にみな本具していると説き、ここに如来常住ということと一切衆生悉有仏性ということとの二つの命題を剋明に打ち出して来たのが如来性品である。換言すれば先には仏の涅槃を問題にすることより仏の寿命を論じて常住の法身にまでたどりついたが、今度はその法身をさらに衆生の側に関係せしめて考察しようとしているのである。この意味において如来性品は寿命品の継承発展なりといってさしつかえないであろう。

四法　初めに大般涅槃を開示するのに、自正と正他と能随問答と善解因縁の四義があるとして、この四義の順に従って開説されているから、この部分を六巻泥洹経では四法品と名づけ南本経では四相品と名づけている。その中、第一の自正とは自らを正すという意味で、自分自身がまず正見に入ってそれを確信することをいう。例えば十二部経及び秘密蔵は如来の説なるを確信しまたは三宝の常住なるを確信して、いかなる苦難迫害にあうとも断じて自己の所信を動揺せしめないのをいうのである。第二の正他とは他を正すという意味で他の者を調伏して次第に正見に入らしめることをいう。例えば仏が最初に常住を説かれたならば人はこの法は外道と同じといって捨て去るから、まず苦・無常・無我を説いて調練し、その後最後の涅槃の時に臨んで無上の法たる如来常住の法を諸菩薩に付嘱する如きがこれである。このように大涅槃経を開示するには自正と正他の二面が必要である。なおまた第三に能随問答という方法をとり、人の問いに応じて教誨するということも忘れてはならない。例えば銭財を捨てずして大施の檀越となる法云何と問われた時に、少欲知足の沙門婆羅門に奴婢僕使を施し修梵行者に女人を施し断酒肉者に酒肉を施せ、しからば施の名四方に流布せんと答える如く、対手の問いに応じていかなる問いにも答えられる智慧のはたらきがなくてはならぬ。最後に善解因縁義とは単にその事実を事実として知るだけではなく、その事実はいかなる因縁のもとにおいて左様になったかという由来因縁をよく承知していなければならぬ。このように四法を具備することが必要であるが、その中、第三の能随問答の中で、酒肉を施すということより提起された食肉の禁と第四の善解因縁義のもとで説かれた律漸制の説とは涅槃経の中で注意されるべき一節である。

断肉　前述の如く断酒肉者に酒肉を施すならば銭財を捨てずして施者の名を得ると説かれたことに関連し、迦葉菩薩は但し食肉の人には肉を施すべからずと進言した。そこで仏は迦葉のこの語を聞いて善哉善哉と称讃し、今日よりはじめて声聞弟子には食肉をゆるさず、もし檀越の信施を受ける時にはこの食に子の肉の如き想いをなすべしと説かれた。元来仏教では最初より一切の肉を禁ぜられていたのではない。三種の浄肉は比丘もこれを食することがゆるされていたのである。三種の浄肉とは、ことさら自分のために殺したものであることを見ず聞かずその疑いを懐きたることもなき肉を指すのであって、これ以外のものは一切不清浄肉として律に堅く禁じられていたのであった。すなわちこの三種の肉のみが、これを食しても犯戒にならないものとして除外されていたのである。しかし涅槃経はいまや一切の肉を禁じ、食肉は大慈の種を断ずとの理由で特例を認めぬに至った。これは一切衆生を一子の如く護念すべしと説く涅槃経の精神が徹底したのによるもので、それ故に先に三種の浄肉をゆるしたのも声聞を導くための手段方便にとどまり決して仏の本心より聴許されたのではないと会通した。この涅槃経における断肉の制は、後に楞伽経に至りさらに一層敷衍せられて遮食肉品となり、梁の武帝は身は在家の帝位にありながら涅槃経の制に従って自ら断肉を厳守したのであった。放生の思想も同様の精神に発したもので、放生を説く梵網経は涅槃経と密接な関係を有する。その故に大乗精神の実践上における力強い発露として、後世その影響は頗る深刻なものがあったのである。なおこの断肉の文の中に、正法の滅した後の像法中において堕落した比丘のなす多くの悪事を列挙しているが、その中には持律の体裁を装うていながら実には経を読誦すること稀でひたすら飲食を貪るとか、穀物を貯蔵したり魚肉を受け取るとか、檀勢に親しみ占相医道を事とするとか、奴婢を養い財宝を蓄えるとか、或いは技芸を学び樗蒲囲棊等の娯楽に耽る等、これら比丘たるものの本分を忘失するもののあるのを指摘している。けだし食肉といいこれらの非法といい、すべて涅槃経成立当時の教団に充分眼に余るものがあったのを裏書しているに相違ないのである。

制　戒　次に善解因縁義の中で、如来は因縁を観じて教化せられるが故に、制戒は漸次たるべく一時に頓制することを得ない所以を明らかにしているが、これは声聞の律として列挙せられる四重・十三僧残・二不定法・三十捨堕・九十一堕・四悔過法・衆多学法・七滅諍等の法がそれのみでは完全なるに非ざることを意味し、従って菩薩の戒律に対する態度は規範の形式に拘泥せずよろしく制戒の精神を休し時に応じて善処すべきを説いたものといわねばならぬ。この点は菩薩戒の発展を見る上に頗る注意すべき示唆を与えているのである。

さて以上で四法の説は一旦完了したが、経はこの後、再び伊字三点三徳涅槃のことや、法常の故に諸仏亦常ということや、無常とは滅し已て復た生ずるの意であり常とは滅し已って生ぜざるの意なりという新解釈や、羅睺羅を生ずるは煩悩の未尽なるによるに非ずということや、仏は世間に随順して種々に示現するということなど種々の説を続けているが、要するに未だ仏身観が主題となっており如来性・仏性の本質究明には余り深入りせぬままに北本経の第四を終わる。〔以上巻四〕

秘密蔵　次いで秘密蔵が問題となり、声聞には慧力なきが故に初めに半字の九部経典を説くが、声聞が堪任力あるに至れば為に毗伽羅論を説いて如来の常存不変を明かす。秘密蔵とは秘密にし惜しんで示さぬという意でなく、愚人解せざるが故にそれを秘蔵というのみで、智者は了達するから智者にあっては秘密蔵と名づけぬという。声聞のための教えが半字で、涅槃経の説は毗伽羅論なりというのは、声聞法と菩薩法を批判したものなること勿論であるが、しかしそれにもかかわらず涅槃経はまた、われいま声聞弟子のために毗伽羅論を説く、いわゆる如来常存無有変易なりというているから、その意を汲めば涅槃経は声聞が今や涅槃の時に臨んで既に大乗の教えを受け得るまでに調熟され来たったことを認めているのである。涅槃経は声聞法と菩薩法とを分別するが、法は分別しても人は分別せぬ。すなわち涅槃の時に臨んだ仏は、声聞法と菩薩法の優劣は説くが声聞の人を相手にせぬというのではない。声聞の人も仏が説かれた方便説に陶冶されて、今は大乗の法に堪える機となっているとするのである。このようなことは般若や華厳と異なって、涅槃経が正しく法華経の系統を継ぐことを物語るものというべく、中国の仏教学史上涅槃経と法華経とが常に密接な関係を持っていたのも偶然でないことが知られよう。涅槃経が一面この法を声聞に付嘱せずといいながら、同時にまた他方では無上の正法を摩訶迦葉に付嘱すといい、声聞の摩訶迦葉を菩薩たらしめているようなことも、この間の消息を知るならば自ずからそれが矛盾に非ざることが首肯されるはずである。

大涅槃　さて声聞の立場と如来の立場とを区別した涅槃経は、いまや涅槃の意義についても従来一般に行われていた声聞の立場よりする解釈を離れて、如来の立場よりする新たな解釈を下すことが必要となってきた。そこで如来の涅槃は大涅槃であって、声聞等の涅槃とは異なる。大涅槃の大とはその性が広博なることを意味し、涅槃とは無瘡疣の義である。自ら瘡疣なくして瘡疣ある者を療治するのが大涅槃である。従って涅槃は解脱ということに外ならず、真の解脱は如来にのみあり、如来は解脱を離れては存しないから、この意味をもって如来というのも解脱というのも涅槃というのも畢竟同一なるものに外ならない。それがすなわち仏の本性なるが故にこれを仏性というのが適当であり、それはまた一切の取著を離れて真実に自在の境地なるが故にこれを我見と称するも不可はない。要は涅槃をもって灰身滅智のものと考えたり、如来と涅槃とは別異なりとする実在観を棄てて仏の本質という所まで推しつめて考えれば、如来も涅槃も仏性も解脱も我見も結局同じものに帰するのである。仏性は実にこのようなものとしてまず展開して来たのであり、有名な百句解脱の文はここに存する。

一闡提　なお涅槃経巻五の中には一闡提（icchantika）のことが少しく説かれている。それによると閻浮提の衆生を有信と無信の二種に分かち、有信の者は定んで涅槃を得るから可治であるが無信の者は一闡提と名づけこれは不可治なりという。また一闡提は一切諸善の根本を断滅したものともいわれているが、ここに注意すべきは大本涅槃経と六巻泥洹経との相違である。泥洹経にあっては一闡提の成仏を全く許していないのに反し、大本涅槃経では一闡提の成仏を許している所があって、その意が互に正反対となっていることは興味が深い。泥洹経に従えば、たとい信法の優婆塞でも解脱を求めんと欲するのみで彼岸にわたるということはあり得ないのに、ましてや一闡提の如きは懈怠懶惰にして尸臥して日を終わる徒輩であるから、このような者が成仏するというようなことは絶対にあり得べからざることとしている。しかるにこれに反して涅槃経に従えば、一闡提が究竟して移らず犯重禁の者が仏道を成ぜぬということは共に真実ではない。なぜならば、この一闡提たりし人がもし仏の正法中において心に浄信を起こしたならば、その時一闡提を滅したのであるから最早一闡提ということはできない。即ちかつて一闡提であった者が一闡提ではなくなったのである。同様に犯重禁の者もそのままでは仏道を成ずることができぬが、この罪を滅しおわれば仏道を成ずることができる。要するに一闡提は浄信を得れば一闡提でなくなり、犯重者は罪滅すれば成仏するというのであるから、涅槃経は犯重者にならんで一闡提にもすでに成仏の可能を明言しているといわねばならない。この点において一闡提には全然成仏の可能なしとした泥洹経と正反対であるが、これらの相違する点は必ずや涅槃経が泥洹経以後において受けた変化によることが察せられるのである。〔以上巻五〕

人の四依　次にこの大涅槃微妙の経中に四種の人あってよく正法を護るということを説くのが泥洹経及び南本経で四依品と呼ばれる一節である。四種の人とは、第一は出家してなお煩悩を具有しながら仏より聞いた所を自ら正しく解し人のためにも分別宣説する者でこれはよく菩薩の方便所行秘密の法を知る凡夫であり、第二は仏より聞いた法を書写受持し読誦して他のために説く者でこれは須陀洹斯陀含の位にあっても菩薩にしてすでに受記を得た者と称することができる。第三は正法を誹謗する者と正法を宣説する者とを分別し得る人でこのような人は阿那含の位にあってもすでに受記を得て間もなく成仏する菩薩と名づくべく、第四は自ら煩悩を断じて自在智を得、仏道を成ぜんと欲せば何時でも成ずることのできるほどの人でこれを阿羅漢と名づけるが実は如来と異なる所はない。この四種人が世において帰依処たるべき者であると。仏がこのように説かれた時、迦葉菩薩は瞿師羅経を引いて真の四依人と魔の変化とをいかに区別して知るべきかをたずねたが、仏は降魔は声聞のための説で大乗を修学する人のためには説かぬ。この大乗経は仏乗と名づけ、この仏乗は最上最勝なりと説いておられる。

正法の余八十年　これより声聞縁覚と学大乗者との優劣が比較されるが、その中で如来滅後四十年中この大乗典大涅槃経が閻浮提に広く流布して行われ、その後、地に没するが再びまた世に出現してわが正法の余八十年の中の前四十年においてこの経がまた閻浮提に大法雨を雨らすことになろうと説かれた。このことは第十巻の初めに出て来ることであるが、涅槃経編者の時代観を表示するものとして注意されるべき文字である。如来滅後四十年中に広く流布するというのは涅槃経が仏入滅後の正法が行われた時代にたっとばれていたものとなし、もってその正法性を根拠づけたものに外ならず、わが正法の余八十年の内の前四十年にまた世に興るというのは涅槃経成立の時を正法の世となし、ただ正法ではあるが単純なる正法でなく二乗小乗の教法をして原本の仏意に溯らしめ、中間の堕落教団を革正せしめる法なりとの意を寓しているようにも解される。これらの文をもって正像末の三時に宛てよってこの経が仏滅後何年頃に成立せるの証なりと考える向もあるようであるが、私はその解釈には賛成し難い。正像末の明確な年代観なき経に対し後世の考えを標準として制定するのは頗る危険といわざるを得ず、むしろ経家がいかなる意図のもとにここに特に正法乃至四十年八十年等の文字をおいたかを考えてみることが今の場合もっとも経に忠実な態度なりと考えるのである。

涅槃経の義味　次に涅槃経を聞いて謗らずよく受持・読誦・書写・聴受するのは尋常の因縁に非ざるを説き、涅槃経の義味は如来が常住不変にして畢竟不変なることと衆生の悉有仏性なることを広説するにありとしている。これにより涅槃経の根本趣意が如来常住と悉有仏性の二点にあることは経の自ら認めている所なるを知られるが、この経を信謗する罪福を明かして一面に二乗の人は無上の大涅槃経を憎悪すと説きながら、他面にはまたわが声聞弟子中第一希有の事を行ぜんと欲せばまさに世間のためにかくの如き大乗経典を広宣すべしと説いている所をもって見れば、涅槃経がその主張する如来常住と悉有仏性との二義は声聞教団の信仰と対蹠的なるを自認しつつ、しかもなお声聞教団を目標とし彼等をしてこれを信ぜしめんと努めていることが窺われるであろう。

知法と持戒　ここで経は一段落の形となるが、次いで迦葉菩薩はいま疑いありとてまた質問を提出した。今度は少しく方向を換えて知法と持戒との軽重如何ということを問題にしたのである。仏教の規則に従えば年少は耆旧を尊敬すべく在家人は出家人を礼敬すべしということになっている。しかしもし年少にして知法の者あらば耆旧はこれを礼敬して可なりや否や、また宿旧破戒の人といえども知法の者ならば年少の持戒の者これに咨受して礼敬するも不可なきや、また出家人が在家人より未聞を咨受することも不可なきや。これらは戒法の上よりは不当のこととされるけれども正法尊重の立場よりは許されねばならぬと思われるが如何というのである。これに対し仏は護法のためならば所犯ありといえども破戒と名づけずと答え、持戒よりも知法をもって先とすべきを断言せられた。

こうして涅槃経における有名な「乗に於いて緩なる者は乃ち名づけて緩となす、戒に於いて緩なる者は名づけて緩となさず」という知法第一主義が標榜されることになるのであって、天台大師智顗が法華文句や摩訶止観等において、戒緩乗急、戒急乗緩、戒乗倶急、戒乗倶緩の四句分別をなした典拠はここに存する。かように知法をもって持戒よりも優位におくというのは護持正法を第一とする涅槃経として当然のことといえば当然ではあるが、しかしその結果は必然仏教の戒律観にも修正を余儀なくせしめる。故に迦葉菩薩が破戒と持戒とを識別する標準如何と問うたのに対し、仏は大涅槃微妙の経典に因らば知るべきこと易しと答えておられるのであって、持戒破戒の標準が伝承され来たった律の条文に求められずして今や涅槃経が根本基準たる地位を占めるに至っている。経は八不浄法を遠離すれば清浄聖衆の福田なりといって八法を受畜する者には礼拝供養すべからずとも説き、涅槃経が戒律に関して極端に排斥した所のものは八法受畜というにあった。その八法の何々なるやはここに説かれておらぬが、経は次巻に至って詳論する。

法の四依　さて巻初に四種人あってよく正法を護ると説いた四依品は、今や巻末に来たりまた別個の四依を説いた。いわゆる法に依って人に依らざれ、義によって語に依らざれ、智に依って識に依らざれ、了義経に依って不了義経に依らざれというのである。前に説いたのは人について依るべき四類を挙げたのであるからそれを人の四依と称し、今は法について依るべき四類を挙げたのであるからこれを法の四依と称する。法の四依については維摩経の法供養品に出たる外、智度論第九や成実論第二等にも出る所であるが、いま涅槃経はこの法四依を専ら自主的な見地より説明した。経に従えば、法に依って人に依らざれとは、常住の如来すなわち法性を依憑となすべく有為無常なる声聞に依らざれということであり、義に依って語に依らざれとは、如来常住不変と説く満足の義に依るべくして文辞を綺る諸論や不浄物の畜財を聴すと説く語には従うべからずということである。また智に依って識に依らざれとは、如来すなわち法身と知る真智にこそ依止すべく如来の方便身をもって陰界入の所摂と見る如き皮相の識には依るべからずとの謂いで、了義経によって不了義経に依らざれとは、如来常住と説く無上の大乗に依るべくして如来無常と説く声聞乗には依るべからずとの謂いなりとする。また別に法とは法性、義とは如来常住、智とは悉有仏性、了義とは大乗経典なりとも説いているが、要するに法四依の範疇にあてはめて如来常住悉有仏性と説く大乗経典の涅槃経こそ究極真実の帰依処たるべきを強く表現したのがこの四依の説であり、もし戒律・阿毘曇・修多羅の中この四に違せざるもののみ依止すべしというような大胆な主張もなされているが、畢竟律よりいうも経よりいうも論よりいうもあらゆるものの真実なる根源は法性大涅槃を明かすこの経において求めらるべしというのがその不動の信念であったのである。〔以上巻六〕

邪正　すでに人四依・法四依を説いて依止すべき標準を明らかにした経は、今度はこのような四依を必要とする所以が邪説正説の紛乱するのにあるとなし、次いですなわち邪正の分かれる所を叙べる順序となった。経に従えば仏の涅槃の後七百歳にして魔波旬がようやく仏の正法を沮壊すべしというから、この経が仏滅後七百年を経過した時の所産なることが知られる。否、確かに仏滅後七百年の所産かどうかは疑問であるが、少なくも経の編者によりその当時すでに仏入滅より七百年を経過していると信ぜられていたということだけは間違いない。しかも仏の入滅を西暦紀元前五世紀頃とすれば涅槃経の成立は西暦三世紀頃となるが、これはインドにおける龍樹・世親等の出世年代及び中国における涅槃経の翻訳年代からいっても矛盾を来たさぬから、それがほぼ経の成立年時を推定させる有力な手懸りをなすというも過言ではない。さて仏滅後七百歳の頃に魔王波旬が比丘比丘尼等の像を作して仏の正法を破壊するが、彼等の主張する所は次のようである。曰く、菩薩は昔兜率天より没して迦毘羅城の白浄王の宮に来たり、父母の愛欲和合に依って生まれられた。また仏がいま仏道を成ずるを得られたのは、昔苦行して種々に捨て難き身分妻子等まで布施せられたためであると。しかしこのような説をなすものは悉く魔の所説であって断じて如来の正説ではない。如来の正説に従えば、仏は今生に始めて成仏したのではなく、久遠の古にすでに成仏しているのである。今生に始めて成道したというのは衆生を度脱せんがための方便示現に過ぎぬ。父母あるを示し愛欲の和合によって生ずという如きも、世間に随順して示現したのに外ならず、如来の本身こそは生身色身を離れて常住なる法身そのものでなければならぬ。こうして魔説と仏説の岐れる所以すなわち法の邪正が岐れる所以は、仏身を生身と見るか法身と見るか、換言すれば生身が仏の本身なりと見るかまたは生身は仏の応現に過ぎぬと見るかに存するのであって、生身を真実と見るのは魔説であり邪説であるが、生身を度衆生のための随順示現なりと見て仏の本身はその根本たる法身なりと説くのが仏説であり正説であるというのであった。しかしかように説くのは方等経をおいて外にないから、九部経をもって如来の所説を尽くすと信ずる伝統尊重の偏見なる徒輩はこの方等経を調達すなわち悪逆の提婆達多が作る所と誹謗するであろうけれども、実はそのような説こそ魔の所説であって、仏法を破壊するものである。真に仏弟子たる者ならば、九部経の外に方等経があって方等経は如来が衆生を度せんがために説かれたものなるを知っていなければならぬと。

悉有仏性　以上の如く魔説と仏説・正説と邪説とは如来を常住と見るか無常と見るかの仏身観によって決せられるが、なお次にまた魔説仏説・正説邪説を分別する別の基準がある。それはすなわち一切衆生悉有仏性という説であって、一闡提を除くあらゆる衆生は皆仏性があるから煩悩を断じて成仏すると説くのは仏の秘蔵甚深経典の説である。従って自ら身に仏性あるを知り故に我れ今成仏を得べしと説くのは決して波羅夷罪を犯したことにならぬ、これ仏説に随順したものというべく、かえってこれを認めぬ方が魔の眷属といわねばならぬと。

護　戒　魔説はまた主張する。四波羅夷・十三僧残等の罪もなければ五逆罪も一闡提もない。このような罪を犯した比丘が地獄に堕ちるというのは如来が人を怖れしめ警しめようとして説かれたに過ぎぬ。故に比丘が行婬を欲するならば法服を捨て俗衣を著けて然る後に行婬すればよい。現に如来の在世にも比丘にして婬欲を習行して正解脱を得たものがあり或いは命終して後天上に生じたものさえある。行婬の如きは古今之あり我独り之を作すというものではないと。しかしながらかような説をなすものは断じて仏説に随順するものではない。恐るべき魔の経律である。一切衆生に仏性ありといえども、もし禁戒を護持しなければ、いかにして仏性を見ることができよう。仏性は必ず持戒によって見得るものであることを銘記しなければならぬと。かように今や克明に仏性を説き出した涅槃経は、また禁戒の護持を厳に要請したが、戒律に関して新たな大乗的解釈を導入していることをあわせて注意すべきである。例えば利養のために聖人と思わしめることは過人の法に堕するが護法のために羅漢と思わしめるは大乗を開顕すと説いたり、大乗経中の偸蘭遮罪は仏物を犯すものなりと説いたり、或いは夢に婬欲を行ずるは犯戒ではないが寤めて後悔を生ずべしと説いたりしている。従って持戒清浄を要求はするが、それが伝統の律制を形式的に守ればよいというのでなく菩薩としての自覚に立ってどこまでも大乗的に戒律を生かして行かねばならぬというのがその立場であった。

なお魔説外道の経律として次のようなものが挙げられているのは興味ある記録である。

曰く、常に一脚を翹ぐ、寂黙して言わず、灰土の上に臥す、自ら高巌より墜つ、淵に投じ火に赴く、五熱身を炙る、棘刺の上に臥す、糠を淘《と》いで汁を飲む、毒を服し食を断ず、衆生を殺害す、故らに師子を弄ぶ、兕術方道、二根も無根も二根合一も悉く道となるを聴す、五種味乳・酪・酪漿・生酥・熟酥・油・蜜等を断ず、繒采を著るを聴す、軻を以て跋となす、一切の穀米草木の類皆寿命あり。難行苦行を仏教では認めて価値ありとはなさざる所であるが、インドにおける苦行者中には事実これを信奉して実践していたものがあったのである。

四　諦　さて以上のように邪正を分別して魔説仏説の分かれる所以を説かれたのに次いで、今度は四諦についての新たなる解釈が下されることとなった。四諦は仏教教義中の根本的なもので小乗諸部派が最も重要視する所であるから、いま涅槃経も大乗経の立場からこれに新しい解釈を加えようとしたのである。経に従えば、苦が直ちに聖諦なのではない、苦を知るのが苦聖諦である。それでは苦とは何ぞやというに如来の常住法身を知らずしてただ食身のみを見ているのが苦である。けだしかような者は法と非法とを弁別し得ずして非法をもって法と信ずるから、悪趣に堕して生死に輪転し多くの苦悩を受けるによる。これに反し如来常住無有変異と知る者は、或いは常住の二字を一たび耳にしただけの者でも、すなわち天上に生じ後解脱の時に如来常住無有変異と証知するから、かく証知した上でかってこの義を聞いたことが今解脱を得た根源であり、昔はこの義を知らなかったためにいつまでも生死に輪転していたのだと知るに至る。すなわち如来常住を証した上で、それを知らなかったのが苦の根源であったと知るのが真の知苦でありまた真の苦聖諦であるという。苦聖諦の研究に四苦八苦を分別するのみで足れりとする形式的分析論とは本質的に態度の異なることが気づかれるであろう。同様にして苦集諦とは法の常住不異を知ることであり、滅諦とは如来蔵を知ることであり、道諦とは三宝及び解脱の常住を知ることであって、四諦をかように知ってこそ真に甚深なる四聖諦の法を修習するといえるとする。四諦説を全然自家薬籠中に摂しているのである。

ここで一つ注意せられる点は、苦滅諦を説くに当たり、もし多く修習して空法を習学することあるはこれを不善となすといっていることである。空は大乗においても般若経で力説されるのみでなく実に大乗仏教の根本基調をなすとさえ考えられるものであるのに、経はかえって多く空法を修学するのを不善なりとした。故に一見頗る奇異なる如く感ぜられるけれども、しかしこれは修空をもって虚無思想の如く解し、ために如来蔵を否定する結果となるのを遮止したものに外ならず、決して大乗の空観までを否認しようとするものではなかった。もし修空これ滅諦なりといえば一切外道もまた空法を修するから滅諦あるべしといっている所をもって見れば、その排斥される修空が一切法を滅無ならしめるという実在論的な虚無思想であることが知られるであろう。しかしてこのような虚無思想こそは法性真如を如来蔵として積極的に表現しようとする涅槃経の立場にとって、まさしく障害となること論をまたない所である。

四倒　四諦に因んで四倒が説かれた。四倒とは四顚倒で、すなわち四種の顚倒した誤った見解であるが、それは非苦に苦想を生じ、常に無常想を生じ、我に無我想を生じ、浄に不浄想を生ずるという。これについても涅槃経は身を無常と見るのが苦倒で、空寂を修せずして長寿を得というのが無常倒であり、仏性を知らずして無我を修するのが無我倒であり、仏法僧解脱を滅尽すとなすのが不浄倒であると説いている。要するに邪正といい四諦といい四倒というも、すべてこれ仏身常住と悉有仏性とを知らずしては真の正しい仏教ではないというのが涅槃経の立場であった。

故にこの後も如来性品中に説く所は結局この二義を出ぬといえるが、その中、大体上よりいえば南本経にて如来性品と称せられる部分が悉有仏性について論じ、文字品・鳥喩品・月喩品が如来常住について説き、問菩薩品は派生的な問題として一闡提及び上来諸説の要約をなしていると見ることができる。

悉有仏性　まず如来性品において迦葉菩薩の問いに答えた仏は、我とは如来蔵の義なり、一切衆生悉有仏性すなわちこれ我の義なりと明瞭に黙示せられた。そこで如来蔵とはすなわち仏性でありこの仏性は何人にも悉く本具していることが知られるのであるが、それが何故如来蔵と称されるかといえば、もとより以来常に無量の煩悩に覆われてこれを本具しながら見ることを得ないでいるのによる。すなわち如来の性が覆蔵されているから、その理由によって如来性・仏性をまた如来蔵と称するのである。涅槃経はその覆蔵されている如来性・仏性を開顕して自覚せしめる所に最大の意義を有するのであるが、仏性を具有しながらこれに気付かないでいるのを喩説した貧女宝蔵の譬は有名である。すなわちそれは自ら真金の蔵を有しながらその所在を知らなかった貧女が他人に掘り出して示された後これを喜ぶ如く、衆生の仏性も今日如来に開示されて始めて知る。衆生は貧女の如く仏性は宝蔵の如しというのがその趣意であった。同様の意味を喩顕して仏性は覆蔵されているとはいえ常存し本具することを多くの譬喩によって説示しながら経は第七巻をおわる。〔以上巻七〕

一帰依処　次いで同じものでも服用の方法によっては甘露ともなり毒薬ともなるように、仏性及びこれを説く方等経は愚人のために毒となり声聞縁覚及び大乗のために甘露となると説き、仏法僧の三帰はこの仏性の一に結帰するから、声聞や凡夫を化度するために三帰の異相を分別したが今大乗には三帰分別の相なしとして、ここに一帰依処が説かれた。そして通常我と無我とは対立する別異のものの如く考えられるがこの一帰依処たる仏性に想到すれば我と無我とがその性不二なることが知られるとなし、五味相生の譬喩が説かれている。無明と明との二相なくただ煩悩諸結と倶なるを無明といい一切の善法と倶なるを明となすといわれているが、このような論理は全く如上の仏性開覚の結果に外ならぬ。しかしそのような仏性を真に証知することは決して容易でなく唯仏にして始めて可能なことであるから、これによって菩薩の位十地に階する者といえどもなお了了に知見し得ぬ所であって、如何に況んや声聞縁覚の人は全くこれを知見することはできぬ。ただ涅槃経に信順してのみ己身に仏性あるを知ることができるとされるのである。この下に真の我たる仏性について邪見競起する様を喩説した好刀の譬がある。

半字満字　種々の異説異論が提起されてもそれらすべては仏説を離れるものでなくみな仏説を根本としているから、その意味でみな仏説であるということを梵語の母音十四音によって説いたのが次の南本経文字品の一節である。十四音とは梵語の母音十六字の中より界畔の aṃ aḥ の二字を除いた十四音ですなわち a ā i ī u ū e ai o au の十音と ṛ ṝ ḷ ḹ の四音とであるが、これらは子音と合してよく諸多の音字を成立せしめるものであるからこれらを字本と名づける。しかし字本は子音と合して諸多の音字を成立せしめる点で根本ではあるが、それだけで完全なのではないから半字と称され、完全したものを満字とするのに対されるべきものである。涅槃経はこの母音十六字及び子音三十四字の合して五十字につき、それらの字を語の頭字もしくは語中に含んでいる語を選んでこれにより字母の意義を説明した。例えばaについてはanuśaṃsāという語を挙げそれは功徳という意味であるがすなわちこれ三宝なりといい、āについてはācāryaという語を挙げそれは阿闍梨で聖の意味であるが聖とは無著にして少欲知足なるをいうと釈する如きである。かように字義を説明しているのはいわゆる五十字門の説で、涅槃経だけでなく文殊問経・仏本行集経・方広大荘厳経・大日経等にも出で大品経や智度論にも説かれている所であるが、これがインドにて童蒙をして学習暗誦せしめるために用いられた方法をその字義に重点をおいて仏典中に摂り入れられたものであった。涅槃経もまた今これを説いて字体につき半字満字を述べているが、しかし涅槃経が今ここにこれを説く趣意は半字の十四音が諸字の根本なりとして仏教が諸の異説異論の根元なりと説くことより転化して、半字満字の関係を完全なものと不完全なものという意味に解しもって涅槃経の仏性説と諸多の経書との関係を判別し説明せんために外ならなかった。故に半字は煩悩言説の根本で満字は善法言説の根本なりと説いてその意義を転用しており、汝今まさに半字を離れて善く満字を解すべしと言っている。これ全く、如来常住を説かざるものを半字とし、如来常住を説く涅槃経を満字とし、もってその間に褒貶の意を寄顕したのに外ならぬ。後来中国では仏一代の教を判釈するに半満二教の説が起こったがその拠る所は実にこの文字品にあったのである。

鳥　喩　次に鳥の喩をもって迦鄰提と鴛鴦との二鳥は相倶に遊止して離れないように、苦・無常・無我等の法も楽・常・我等と別異ではあるが相離れたものでない。故に如来は教化すべき者あるに応じ受生を示現されるが、それは示現にして実は無生であり如来は実に常住の法である。無常と示現する反面には常住なるものが同時にその根柢をなしているのであって、換言すれば無常は常住に根拠づけられた無常であり、無常の基礎には常住なる如来・仏性・涅槃が存することを忘れてはならぬと説いたのが南本経で鳥喩品と名づけられている一節である。如来の常住が主張されるのは、衆生を愍念し衆生を利益せんがためという仏の大慈悲に着眼された結果なるを注意すべきである。

月　喩　次に月の喩をもって如来の常住を説いたのが南本経の月喩品である。人は月の見えないのをもって月が没したというが月は真実に没したのではない。転じて他方に現れた時彼処の人はまた月が出たというけれども月がこの時始めて出現したのでもない。月自体には出没があるわけではなく、ただ須弥山にかくれて見えたり見えなかったりするまでのことである。あたかもこれと同様に如来も生滅を化現されるがそれは衆生を化益するための示現であって、如来の本性は生滅なき常住のものである。故に如来の実性はかの月の如きもので無生無滅の法身であり、生滅ありと見えるのは示現して世に随順した方便身に外ならぬとする。明瞭に法身と応身の思想が説かれているのである。

断善根　このようにして如来の常住が色々の譬喩により反覆力説されて来たが、最後に仏が大涅槃の光にあう者は菩提心なしといえども菩提の因縁となり得ると説かれたことから問題が新たに展開した。すなわち迦葉菩薩がこの仏説をききとがめ、もし然りとすれば四重禁を犯した者や五逆罪を作した人や進んで一闡提に至るまでも涅槃経の光明にあう因縁の故に菩提の因を得るといわなければならぬこととなるが、不信悪逆の者が菩提を得られるというならば多くの仏のもとで持戒修善の功を積みしかる後ようやく一切の煩悩を断ずるという者と何の差別が存するかと質問した。涅槃経の功力と修行の意義との関係如何という問題が、必然悪逆の尤なるものとしての一闡提について再検討を要求する結果となったのである。しかるに迦葉菩薩の右のような質問に対する仏の解答は次のようなものであった。曰く、この経は大威神力あるが故に未だ菩提心を発さざる者には菩提の因となる。故に五無間罪を敢てし四重禁の法を犯したものといえども、この経にあえば必ず菩提心を発し得る。しかしながら一闡提のみは例外であって、これだけは如何ともすることができない。一闡提は一切の善根を断じたること焦げた種子の如きものであるから、たとい大般涅槃経を聞くといえども再び菩提の芽を生じて菩提心を発さしめることは絶対に不可能であると。涅槃経は従来の伝統的教団の信念よりは絶対に容認されなかった四波羅夷罪や五無間罪に対してまでも発菩提心の可能を約束した点で諸経中の王座を占めることを自認したが、一闡提に対してのみは必死の人と断定してこれより救治の望みを断ったのである。たとい一切無量の衆生が一時に成仏することあろうとも、一闡提が成仏することはあり得ないといわれている。それではかくまでに痛弾される一闡提とはそもそもいかなるものであろうか。

経に従えば一闡提とは、如来は畢竟して涅槃に入ると説き如来の常住を否認して真に無常なりとなす者の謂いである。従って彼は方等大乗経を誹謗して悉くこれ天魔波旬の説なりと罵る。要するに一闡提とは悪逆をなして戒律に背く道徳的罪人ではないが、涅槃経の生命とする仏身常住を否認してこれと正面的に対立する信仰的異端者のことである。涅槃経が筆を極めて糾弾し、或いは焦種と呼び、或いは必死の人といい、或いは無目と名づけ、或いは非器と罵るのも全く所以なしとせぬ。四重禁や無間罪を犯したものはその悪極重である。多羅樹の頭を断截すればまた生ずる能わざる如しといわれているが、大乗ではこのような者にも望みを絶たぬ。自責して悔心を生じさえすれば発菩提心し得られぬのではないとする。他の大乗経では声聞縁覚は度し難いものとされている。しかし涅槃経では声聞縁覚といえどもそれをして慧眼を開発せしめれば大乗経典に安住せしめることも不可能ではないとする。すでに法華経の中で八千の声聞が成仏の記別を受けた。故に涅槃経では声聞の成仏ということは何も目新しくいまに始まることではない。涅槃経はあたかも秋の収穫がすんで冬庫蔵にしまいこめば最早すべての仕事が完了した如くで、何ら漏らす所はないのである。しかし一闡提のみは仏といえどもこれを如何ともすることができぬ。それでは一闡提には仏性がないかというのに決してそうではない。仏性があるにはあるけれども、無量の罪垢に纏われてそれより出ることができぬのである。あたかも蚕が繭の中にいて出られぬのと同じで、さればこそ菩提の妙因を生ずる能わずして生死に流転し輪廻窮まる時がないのである。まことや最尊最勝にして衆経中の王なる涅槃経は無上の良医にしていかなる病も治せざるはないが、この一闡提のみは全くもって癒治せしむるの道がない。こうして如来常住無有変易の旗幟を高く掲げる涅槃経において、その説を受信せざる一闡提が有仏性を認められながらもついに救済の手段なきものとしてさじを投げられたのであった。

〔以上巻九〕

微密の教　如来の常住と仏性の悉有と一闡提の例外とを説き来たった如来性品は今やその説くべき主要題目を説きおわった。故に最早一往完結の体裁を調える順序となったのである。大王が群臣に先陀婆（saṃdhava）を持ち来たれといっても、先陀婆は一名四実で塩を指す時もあり器を指す時もあり水を指す時もあり馬を指す時もあるから、智臣はそのいずれを指すかを時に応じてよく判断しなければならぬが、仏説についても同様に仏がもし衆生に対して如来は涅槃すと説かれたならば、智臣はまさにこれは如来が常住の見を懐く者のために無常の相を説かれたのであると知り、その場合場合に応じて仏説のよって来る所以を察知しなければならぬ。このように如来微密の教を知るということはただ智者にのみ可能な甚だ困難なことであるが、これをなさなければ仏の本意を知ることができぬ。故に人々は文字に著せずこの経において真実義をとるべきであるが、後世この経が流布する時には悪比丘がこの経を抄掠して、或いは要義を滅除したり、或いは世間無義の語を挿入したり、或いは次第を顚倒したり、或いは不浄物を受畜することを如来聴許したまえりとさえいうようになろうと警戒している。そしてこの大涅槃経は南方の諸菩薩の間で大いに流布するが、正法滅せんとする時に当たって罽賓に至りそこで悉く地中に潜没するであろうといっている。これは仏の予言として説かれているが、涅槃経の流伝した地域を説く注意すべき証拠たることというまでもない。

本有今無偈　大本涅槃経はここで文殊菩薩の質疑が突然出て来る。これまでもこの後も仏と迦葉菩薩との問答で続いているのに、前後と無関係に文殊が突然純陀の疑いを仏に向かって質しているのであるから、これは後世の混入なること疑いを容れぬ。現に六巻本の泥洹経にはその文がないのでも知られる。とも角その文殊の質疑というのはこうである。如来は常住である、如来は仏性を知見する力を得られたから常住であるというが、もし説の如く仏性を見たから常住なりとすれば本の未だ仏性を見なかった時は無常であったといわねばならぬ。しかるにもしもと無常ならば後もまた無常なるべきはずで、無常なものが常住になるということはありえない。何故ならば世間の物で本なくして今あるもの、またすでにあってまたなくなったものなどこれらは悉く無常であるからである。すでに然りとすれば無常という点で同一であるから仏も菩薩も声聞も縁覚もみな差別がないことになるのではないかと。これが純陀に代わって文殊が提出した疑問である。これに対して世尊は次の偈をもって答えられた。

本有今無　本無今有　三世有法　無有是処

本（もと）ありて今なく、本なくして今あり、三世に法ありとは、このことわりあることなし

そしてそれ故に諸仏菩薩と声聞縁覚はまた差別なしと説かれ、右の偈の意味は説明されていない。しかも文殊はまことに聖教の如しわれ今始めて解すといって讃歎しているが、事実これだけでは一向に要領を得ずあたかも禅の公案の如きものである。しかしこの本有今無偈はなおこの後、十七巻の梵行品と二十七・二十八巻の師子吼品等に出て来て、仏が先に娑羅双樹間で純陀のために説かれた偈として有名なものになっているから、その偈による解答は後章に至って明らかとなるであろう。故に今はこれを保留して次に移る。

三　乗　さて前の諸仏・菩薩・声聞・縁覚がまた差別ありまた差別なしということに対

する本有今無偈の意味は未だ明瞭でないが、次に仏が迦葉菩薩の問いに答えられた所によるとその意味は極めて明白なものとなっている。それによると、三乗がまた差別ありまた差別なしということは、要するに三乗の差別を無視して撤廃することもできぬが同時にまた三乗の差別を本質的なものとなすのも妥当でないというのである。何となれば舎利弗等の如き声聞の阿羅漢は小涅槃をもって般涅槃し、縁覚の人は中涅槃をもって般涅槃し、菩薩の人は大涅槃をもって般涅槃する。しかるに声聞縁覚の得る所の涅槃は諸仏の涅槃と同一ではないから、これによって三乗の差別がないとはいえない。世にもし仏の出ることがなければ二乗の二涅槃を得るものがないではない、すなわち仏あらざる時には二乗が二乗の涅槃観をもって一時安住することがあり得るが故に、その点で三乗の差別ということを無視し撤廃することはできぬのである。しかし三乗法をこのように差別ありとするものの、三乗人が有する仏性について見れば皆同一仏性であって、あたかも種々の色の牛よりしぼって得た乳でも乳の色は同一白色なる如く三人の仏性は同じく煩悩を尽くしており異なるものではないから、その限り二乗が二乗の涅槃をもって終わるということはない。声聞の阿羅漢もついには悉く仏の大涅槃を得るのであり、一切の菩薩・声聞・縁覚が未来の世にて皆平等に仏の大般涅槃に帰すべきこと衆流の海に帰すると同様である。すなわち三乗はこの意味において差別なしといわねばならぬという。こうして三乗は畢竟過程においては差別するが終極においては差別なしということになる。これがまた差別ありまた差別なしといわれた所以で、涅槃経が牛の乳より醍醐を生ずる段階の名に従って、声聞は乳の如く、縁覚は酪の如く、菩薩は生酥熟酥の如く、諸仏世尊は醍醐の如しと説いているのはまことに適切な譬喩といわねばならぬ。皆同じ仏性を有するからすべては仏即ち醍醐に達するか、未だその段階へ至らぬ過程において、声聞・縁覚・菩薩という別があるのに過ぎない。しかも仏性はこれら三乗の人にあるのみではない、一切衆生に皆悉くありとするのが涅槃経の立場であるから、未だ何等の聖道を得ない凡夫といえども勿論その例より漏れるものではない。故にこの凡夫の仏性を前四者に比すれば、それは牛よりとれたばかりの乳が未だ血を混じているのにも譬えるべきで、血を混じているというのは仏性が未だ煩悩を離れていないことを意味する。それゆえにかように見来たるとき、凡夫と聖者・二乗と菩薩との差別を存しながら一切衆生悉有仏性の大命題の下に一乗の成仏を確立した涅槃経の巧妙さが窺われるのであって、これぞ仏教学史上における涅槃経の一大功績といわねばならぬ。

法華経と涅槃経　これよりさき法華経は敢然一乗成仏を説いたので有名であるが、法華経にあってはしかし未だその全体の説き方が涅槃経のように哲学的ではなかった。そこでは三乗の別が方便説法に帰せられてこれを肯定する一面がなく、また声聞成仏の根拠も因縁譚の形式を出なかったのである。それが今や仏性という根本原理を説くことによって一乗成仏に哲学的根柢を与え、しかも三乗及び凡聖の別を一応是認しながらついにはこれが同一仏果に到達すべきを説くに至った。法華経が文学的に表現したものを涅槃経はまさしく哲学的に論証したといって過言ではないであろう。涅槃経の法華経に対する関係はこれのみではない。進んで成仏の授記のことにまで論及しているのである。法華経も声聞に成仏の記莂を与えた自経をもって成道後四十余年を経て入滅に近づいた時の説としているが、いま涅槃経は声聞に速記を与えない所以を説明して、これには二つの理由ありとする。一には余りに早く記莂を与えれば他がこれを聞いて軽慢毀呰し破戒する者あるを懼れたためと一には舎利弗・目連等のように久しく正法を護持してその後に仏道を成ぜんとの誓願を発したものあるとによるという。ここにも声聞成仏の授記が容易に与えられなかったことに対する説明的論理が案出されているのを見出す。かように特に法華経との密接な関連を示しつつ、涅槃経は長い如来性品を終わる。〔以上如来性品〕

純陀の供養　品が改まって一切大衆所問品になると、これまで寿命品の末以来ひとり発問者として活躍していた迦葉菩薩は一時裏面に隠れ、先に仏を供養すべき食を弁じようとして去った純陀が代わって再び登場することとなる。純陀は世尊が面門より青黄赤白紅紫等の種々の色の光を放って身を照らされたのを感じ、眷属と共に肴饌を持して仏所に往った。そして如来及び比丘僧に最後の供養をなそうとし進んで仏前に至ったけれども、大威徳ある天人に遮られて躊躇しておった。そこで如来は再び種々の光明を放たれ、今度は諸天大衆がこの光に遇ったので、大衆はついで純陀の進んで仏所に至り供養をささげることをゆるしたという。この叙述は純陀の供養を印象的に描写しようという意図によるものであろう。純陀がたまたま最後の供養者となったということでなく、純陀はすでに選ばれた一人である意味を強く表示しようとしているようである。天人および諸の衆生も各々自ら所持の供養を受けられんことを請い、純陀は仏および僧のために師子の宝座を布き旛蓋等をもって荘厳したので微妙なること西方安楽国土の如くであった。しかも純陀は悵快として憂悲し重ねて仏に住寿を請うたが、仏の答は、汝われをして世に久住せしめんと欲せばよろしく速やかに奉げて最後に檀波羅蜜を具足すべしということであった。これを聞いて菩薩や天人等の雑類が、奇なる哉純陀、汝が布施し奉る最後の無上供養を如来が受け取りたまわばわれらの設けた供具はすべて唐捐となると羨んだので、世尊は特に一切衆生の望みを満足せしむべく自身の一一の毛孔の上に無量の仏と無量の比丘僧とを化現してこの化現の仏及び比丘僧をして大衆の供養を受けさせられ、純陀の奉設した所はただ釈迦如来のみが自らこれを受納せられたのであった。純陀が最後の供養者であったという事実を維持しつつ、純陀は代表者であって如来はその背後にある全人類の限りなき恭敬供養を受けられたという意味をなんと巧みに表現せられているではないか。本経の最初に説かれたような如来入涅槃の宣言を聞いて十方世界より集まり来たった大衆の供養は、こうして化仏・化比丘僧の受納せられる所となって円満な帰結を見たのである。純陀の歓喜はいうに及ばず、大衆もまた如来今すでにわれらの布施を受けたまえりと考えて喜んだが、この時娑羅樹林はその地狭小ではあるが仏の神力をもって針鋒のような処にもみな無量の諸仏世尊及びその眷属等があって坐して食せられる光景を現出したという。前後照応して構想の大を全うしている。

不入涅槃　しかし如来が最後の供養を受けられるということは如来の入滅が切迫したことを意味し、人々は満足歓喜の直後に一層悲痛な慟哭を禁じ得なかった。されば世尊は大衆を慰喩しようとして偈を説かれた。

汝等悲歎する莫れ、諸仏の法応に爾るべし、我れ涅槃に入りてより、已に無量劫を経たり。

如来は一切を視ること、猶羅睺羅の如し、常に衆生の尊たり、云何ぞ永く涅槃せん。如来はもって死を意味する語とするならば、如来には涅槃に入るということはない。如来は衆生を愛愍せられること一子羅睺羅に対するのと異なる所がないから、衆生のある限りこれを棄てて自分のみ永久に涅槃に入りおわるということはない。しかし涅槃とは仏の本性を意味するものとすれば、仏が涅槃に入られたのは伽耶成道に始まるのではなくすでに無量劫を経ているが故に、仏は久遠の仏として存しているのであるという。畢竟如来常住・三宝常住の思想に立脚して古い涅槃観を止揚し新しい涅槃観を確立しようとするのがその骨子を成しているのである。人天大衆は仏常住の説を聞いて歓喜踊躍した。仏は最後に純陀に対し先に汝が見た無量の仏は我が所化なり、一切衆生を利益せんがために菩薩が仏事を作せるのみと明かし、純陀よ汝も今皆すでに菩薩行を成就し十地の菩薩所行に住するを得たと説かれる。こうして迦葉菩薩が是の如し是の如しと仏説に同意して純陀に随喜し、いま如来は未来無量の衆生のために大明を作さんとしてこの大乗大涅槃経を説かれたといい、ここに経はまずもって一段落となる。

有余義　さて涅槃経が冒頭以来仏入滅直前の場面を借りて種々に説き来たった説法内容は今や仏が純陀の供養を受けられたとするこの一節で一応完結するのであり、大衆所問品はこの後まだ少しく続いて前来の説に対する補足がなされるけれども、次いで現病品以下はまたそれ以後の五行を説く品と一連の内容をもつこととなる。従って大衆所問品中における以下の残余は成立の層を示す年輪のようなもので、本経においての中心的要素ではないが歴史的観点よりすれば興味が多い。その趣旨は、一切の経説に余義ありや余義なしやということ、すなわちすべての仏説はみなその表面に現れた意味だけに解してよいものか或いは例外的なものもあるかということをたずねて、文字通りに受け取るべきでなくその裏面には例外もあるから時と場合とに応じて説法のなされた事情を判然せしめることが真の仏意を知る道なりと説く。このようなことが問題となるのは、諸部派分裂時代の仏教においで仏説は了義経のみなりや不了義経も存するやということが討議されたのを反映していると見られるが、事実はそれと同時に涅槃経自身が一切衆生悉有仏性と力強く主張したのにかかわらず例外たる一闡提の存在をもまた認めざるを得なかったという事情による。故に一切の人に布施することは讃歎さるべしという仏説の偈に対しても、唯一人を除いて余の一切の施は讃歎さるべきで、その例外とせられる唯一人とは破戒であり、破戒とは一闡提のことなりと説かれている。一切の経説が表面的に文字通りの意で解さるべきでないということをまずこの破戒者を例外とする一切の布施は讃歎さるべしということによって証明しているのであるから、これをもってもまた有余義亦無余義の説が悉有仏性の原則に対する一闡提の例外化という点から発端していることが知られるであろう。すなわち一切とは少分の一切であって全分の一切ではない、一切とは例外を除いたものの一切ということを説こうとするのがその趣意であった。

一闡提の定義　ここで当然一闡提の定義が必要となるが、経は、

麤悪の言を発して正法を誹謗し、この重業を造って永く改悔せず心に慚愧なき、是の如き人を名づけて一闡提の道に趣向すとなす

といい、また、

若し四重を犯し五逆罪を作して自ら定んで是の如き重事を犯せりと知り、而も心に初より怖畏慚愧なく肯て発露せず、彼の正法に於いて、永く護惜建立の心なく毀呰軽賤して言過咎多き、是の如き等の人も亦一闡提の道に趣向すと名づく

といい、さらにまた、

若し復説いて仏法僧なしという、是の如き等の人も亦一闡提の道に趣向すと名づく

という。一闡提というに都合三種の人あるを区別し、正法を誹謗して悔いざる者と、逆重の罪を犯して慚愧なき者と、及び仏法僧の三宝なしと説く者とこの三種を挙げている。これをもって見れば一闡提の中には四重五逆をも含められており、前に四重五逆と一闡提とを区別し四重五逆は発菩提心し得べきも一闡提には能わずと言ったのと、その間に説が推移変遷しているのが認められた。特に次いで一闡提に再生の可能を許し、一闡提は善根を焼燃したものであるからもしこの人が善心を生ぜばこれは一闡提とは名づけぬというのは、一闡提が善根をとり戻すと同時に一闡提の境地より離脱すべきことをかすかに認めて来ているのである。このようなことは涅槃経中における一闡提思想の推移変遷として、大いに注意さるべきことである。〔以上巻十〕

少分の一切　前巻の末より本巻の初めにわたって世尊と文殊との間に全分の一切と少分

の一切を分別する例として数偈が問答論議されたが、迦葉菩薩は今その帰結を求めようとして然らば無余の義とは何かとたずねた。そこで仏はただ助道を除く常楽の善法のみ無余であって、その他の諸法は有余無余の二義を具すと答えられた。それは要するに仏説の中で常楽の善法たる仏の法身大涅槃のみが絶対的な完全無欠の真理でそれ以外の説はみな相対的真理を有するにとどまるというのである。こうして涅槃経はまた自らの所説があらゆる教説の中の根本であることに帰結せしめてここに一段落を告げようとすることになった。

文殊付嘱　天人等は大迦葉及び阿難と摩伽陀の主阿闍世大王とが未だこの処に至らざるの故をもって、今しばらく停住しわれらの疑網を断じたまえと勧請するけれども、仏は大迦葉と阿難とがよく一切の疑いを断ずるであろうと告げ、その場にいた文殊師利と迦葉菩薩と純陀に記莂を授け大衆には放逸なる莫れ自らその心を修むべしと誡勅せられた。そして文殊に対し、まさに四部のために広く大法を説け、今この法をもって汝に付嘱す、迦葉・阿難等来たらばまたまさにかくの如き正法を付嘱すべしと告げ、告げおわって衆生を調伏するために身に疾あるを現じ右脇にして臥したまえりという。大衆所問品はここにておわり、六巻泥洹経もここで全経の終わりとなっているのである。迦葉菩薩を登場せしめながら、正法付嘱に至ってはついに文殊菩薩を択んでいるが、これには仏の臨終に大迦葉が居合わさなかったという史実を反映する一面、また大乗経の結集者が文殊師利であったとする大乗教徒の伝承に従いもって迦葉の結集した小乗の三蔵と区別しようとの意味も含ましめたのである。〔以上一切大衆所問品〕

第三集　五行の巻

現病品・聖行品・梵行品・嬰児行品

五　行　大衆所問品の末で文殊に正法が付嘱せられているのは、経がそこで一段落となったことを意味する。故にその次の現病品以下は新たな展開と見られるが、但し現病品と聖行品以下の三品とを一連のものと見るか否かは疑問の存する所である。何となれば聖行品の初めに涅槃経において五種の行を修習すべしとなし、聖行・梵行・天行・嬰児行・病行の五行を説いているが、その中聖行と梵行と嬰児行との三行のみがそれぞれ一品となって存し、天行と病行とは涅槃経中に品名が存しない。故にこの二行はどうなっているかというに、天行品については梵行品の最後の処で天行品は雑華に説く如しと他経を指し本経に省略することを明らかにしているから問題はないが、病行品については何等説く所がない。従って病行品とは現病品のことであろうと想像せられ、この理由によって現病品を聖行品以下の三品と一連視することが考えられる。しかしまた別の立場よりすれば、五種の行ありということは聖行品の初めに説かれている所であるから、五行の一たる病行がそれより以前に出て来るというのは一応不審であるのみならず、病行といわずして現病といっているのは前の大衆所問品の末に如来が有疾を示現せられたというのを受けたものに相違ないから、現病をもって直ちに病行と同一視して可なりや否やはにわかに決し難いことに考えられる。されば五行は聖行品以下であって現病品を五行中の病行と見るのは不可なりとも考えられ、古来の学者においても現病を五行に摂するか否かは諸説区々として一致せぬ所であった。梁代の涅槃宗学者や隋の慧遠は現病と五行とを別視し、唐の灌頂の如きは現病を五行の中に摂していたのである。しかし今は現病品の終わりの方に五種の人涅槃経において病行処ありと説いているのによってこれを五行の中に入るものと見、現病品以下嬰児行品までをもって一連のものとして論ずることにする。

病　因　さて前の大衆所問品の末に受記と付嘱があって一応完結の形を成しているが、そこに付嘱しおわった後衆生を調伏せんがため身に疾あるを示現せられたとあるのに端緒を得て、涅槃経はまた新たなる発展を企てた。すなわち迦葉菩薩は、仏が文殊に対しわれ今背痛むといわれたが、仏には病因なきはずであるのにいかにして有病と説きたもうかと問い奉った。その中に煩悩障・業障・報障の三障なきことや菩薩の時の発願や菩薩の十力を牛や象の力に喩況することなどが出で来って、最後に迦葉菩薩は重ねて偈をもって問うた。三世の世尊は大悲を根本とせられるのに是の如き大慈悲は今何所にか在る。若し大悲なくんば仏と名づけず、仏若し必ず涅槃したまわばこれ則ち常と名づけずと。

その時横臥していたまえる世尊は起って結跏趺坐し、大光明を放って四維上下の諸仏世界を照らされた。仏身の毛孔は悉く蓮華を現出してその蓮華から雑色の光明が放たれ、光明は阿鼻地獄等の八地獄及び阿波波地獄等の八寒氷地獄にまで達し地獄の中の衆生は酸苦より解放されたのみならず、光明の中に諸の衆生皆仏性ありと宣説するを聞き皆命終して人天の中に生ずることを得た。これによって地獄という地獄は残らず空虚となったが、さらに餓鬼や畜生に至るまであらゆる受罪の者は皆全世界からなくなってしまったのである。その一々の華には各々端厳なる一仏があって種々様々の示現をなし説法をせられた。この光明に遇った者は盲者は色を見聾者は声を聴き瘂者はよく言い拘躄はよく行き、また貧者は財を得慳者はよく施し恚者は慈心を生じ不信の者は信を得た。かくまでに仏の光明は大威力をもってあらゆる衆生を化益されたが、ただ大乗の正法を謗る一闡提のみは例外であった。彼等にはついに仏の力も及ばなかったのである。しかしあらゆる衆生は声を揃えて仏を讃歎し華香伎楽をもって供養し説法したまわんことを請じた。こうして涅槃経の仏説はなお続行されることとなる。

三種病人　仏は迦葉菩薩の問に答えられた。われは往昔無量無辺億那由他百千万劫よりすでに病根を除いている。過去無量阿僧祇に無上勝如来という仏が出られたが、われはその時に彼の仏の声聞となってこの大乗大涅槃経を聞いた。それを自ら受持し他人のためにも開示解説したから、その時以来未だかつて悪業煩悩の縁によって悪道に堕することなく正法を誹謗して一闡提となったこともない。完全に一切の疾病より解脱したのである。凡そ諸仏世尊にはいかなる病もあり得ないはずで、如来において真実に疾ありという如きはこれ全く大乗方等の密教を知らざるによる。われもまた病むと言うがこれは如来秘密の教えであって、決して如来が実に病むことありというのではなくまた畢竟して涅槃に入るというものでもない。大涅槃は諸仏の甚深なる禅定である。これは声聞・縁覚のよく知り得る所ではない。しかしかように諸仏世尊には病苦というものは毛頭も存しないのであるが、世間には病人がある。なかんずく極重の病人にして到底治癒し難き者三人あって、それは大乗を謗る者と五逆罪と及び一闡提とである。この三人は譬えば必死の病人が医薬を服するも服せざるも必ず死するより外ないのと同じで、声聞・縁覚・菩薩がために説法しようとも説法せずともいずれにしてもそれをして阿耨多羅三藐三菩提心を発さしめることはできぬ。これに対して医薬を服すれば治るが服しなければ治らぬという病人もあるはずであって、その例に相当するのは声聞・縁覚である。彼等声聞・縁覚の二乗は、仏菩薩に従って法を聞くことができれば阿耨多羅三藐三菩提心を発し得るが、もし法を聞かなければ発菩提心することはできぬ。しかして医薬を服するも服せざるも皆悉く治る病人というのは、まさに大涅槃経を受持読誦して他のために説く者がこれに当たると。このようにして必死難治の者と可治不可治未定の者と必定可治の者との三種病人の例をあげ、もって必死難治の者は謗法・五逆・闡提の三であり未定の者は二乗であり必定可治の者は涅槃経を奉ずる菩薩であると説いているが、この三種病人の説は涅槃経中一闡提及び二乗に対する態度を示す文として頗る興味深く且つ後品にも関連してしばしば引用される重要な文である。

有病行処五種人　仏の現病に因んで三種病人を分別したのはまことに巧妙な着想たるを失わぬが、なおこれにつづいて次のような五種人は涅槃行において有病行処なりと説いているのは、次の五行の中の病行に関連せしめたものとして注意せられる。その有病行処五種人とは声聞の四果すなわち須陀洹・斯陀含・阿那含・阿羅漢の人と及び辟支仏道を得た人との五人のことであるが、これが有病行処と名づけられる所以は、現在大涅槃経の説を知らず従って彼等が阿耨多羅三藐三菩提を成ずるに至るまでには一度小乗の涅槃に入って長遠の時を経過しなければならぬのによる。しかし長遠の時を要するにもせよ、二乗の人が仏道を成じ得ぬというのではない。皆いずれも諸苦を断じて涅槃に入った後、長時を経て必ず仏道を成ずることができるのであって、それに要する年時は須陀洹果の人が八万劫、斯陀含果の人が六万劫、阿那含果の人が四万劫、阿羅漢果の人が二万劫、辟支仏道の人が十千劫を経なければならぬとせられる。これいわゆる二乗廻心の説として涅槃経中の有名な問題となっている所で、涅槃経が二乗に対し入涅槃後の廻心成仏を説いている点は法華経が説く会三帰一の説を再び別の方面から理論的に説明したものとして重要な意義を有する。このように八六四二万十千劫の時を経るということは後にもこの経中でまた説かれる所であるが、ともかく二乗廻心の説に明確な一解答を与えたものというべく、後世中国仏教で法相・華厳等の諸宗が一乗三乗の問題に関連して諍うむつかしい論議題目とせられるに至っている。〔以上現病品〕

五行と如来行　聖行品に入ると直ちに、仏は迦葉菩薩に対し、菩薩は大涅槃経において専心に五種の行を思惟すべきを説かれた。その五種の行とは聖行・梵行・天行・嬰児行・病行の五であるが、ついでこの外にまた一行あり是れ如来行にしていわゆる大乗大涅槃経なりと説かれているから、これは菩薩行たる五行に対してその根拠となるものは如来行であるとなし、もって涅槃経が菩薩の修行の目的であると同時に根源でもあることを示したものと見られる。従って如来行がいかなるものであるかについては別にどこにも解説している所がないが、天台大師智顗は法華玄義の中でこの五行を詳論した後、如来行は円行であり法華の安楽行に外ならぬと説いた。五行については梵行品〔巻十八〕の中に若し大涅槃経に乃至この五行あらば爾の時仏法未だ滅せずと説いているが、師子吼品〔巻二十七、巻二十八、巻三十〕には聖行・梵行・天行の三名を出して病行と嬰児行の名なく、また品名としても聖行品・梵行品・嬰児行品はあるが天行品と病行品は存しない。但し梵行品の末〔巻二十〕に天行品は雑華に説く如しと他経を指して此の経に説くことを省略していることや、病行品が内容上前の現病品の一部分に相当するかと考えられることは既述の通りである。されば以下は五行の中の聖行・梵行・嬰児行の三行を説くことになるが、嬰児行品は極めて短いから実際は聖行と梵行とが甚だ詳細に説かれることになる。

聖　行　そこでまず第一に以下聖行を広説されるにつき、聖行とは涅槃経を聞信して出家受戒し四聖諦を観じて如法に修行することであって、これが何故に聖行と名づけられるかといえば、聖は諸仏世尊のことですなわち諸仏の所行なるが故に聖行といわれるのだという。単に出家受戒して修行するのみならば聖行とはいえぬ。諸仏の境地たる涅槃経に信順して奉行するから聖行となるのである。それ故にこれは諸仏の行であるけれども声聞も縁覚も菩薩もみなこれを修行し得るのでありまた修行しなければならぬのである。要するに聖行というのは涅槃経の精神に立脚した仏教の真正な修行というような意に外ならない。

護持禁戒　さてこのような真正な修行をなすためには出家して禁戒を奉持することが必要であるから、まずもっていかなる小罪にも心に怖畏を生じ厳粛に持戒し威儀具足すべきことが要求される。浮嚢を帯して大海を渡ろうとする者は浮嚢が命の綱であるから羅刹がいかに乞うても微塵ばかりも与えることを肯んじない如く、菩薩が禁戒を護持するのもまた同様であらねばならぬ。ただ四重禁は破するが余戒は護るといい、或いは四重禁を破することはできぬが僧残ならば破してもよかろうというようなそのような考えであれば、その人は絶対に生死の彼岸に渡って涅槃を得ることはできぬ。故にたとい微小な戒律においても堅固に護持して心金剛の如くであるべく、重罪の四禁と軽罪の突吉羅とでその間に差別を見るべきでない。もしかように諸戒を堅持すれば五支の諸戒を具足すると説き、根本業清浄戒・前後眷属余清浄戒・非諸悪覚覚清浄戒・護持正念念清浄戒・回向阿耨多羅三藐三菩提戒の名をあげている。この五支戒は中国の天台教学等で相当やかましく論議されることになっている。経は続いて戒を二種に分かち、受世教戒と得正法戒・性重戒と息世譏嫌戒というような分け方をしている。その中で性重戒は四重禁すなわち婬・盗・殺・妄の四波羅夷罪であるから別に述べる必要はないが、息世譏嫌戒の方は凡そ三十四項より成りいずれも世間の誹謗を蒙らないよう俗業を禁遮して出家の本分たる修行に精進せしめようとしたもので、中には明かりを燃して臥してはならぬとか牀に二枕をおいてはいかぬとか占相卜筮をなしたり星宿を観じてはならぬとかいうような条項もあれば、また田宅種植・家業坐肆を禁じ、象馬車乗・奴婢・僮僕・金銀瑠璃・一切穀米等を蓄えることを制した条項もありこれらの諸戒を一々に見てゆくことはそれ自身興味ある問題である。さらにこの息世譏嫌戒は梵網経の四十八軽戒と密接な関係を有し、すでに一切衆生悉有仏性をいい羅刹浮囊の喩を引く梵網経が涅槃経を予想すること容易に察せられる所であるが、梵網経の軽戒の中には涅槃経の息世譏嫌戒と殆ど逐字的に一致するものが少なくない点で一層興味をひく。特に涅槃経ではこれらの諸禁戒を受持しおわって次の如き願をなすべしとて十二の願を列挙しているが、それは梵網経が第三十六軽戒において十大願としてあげているのに符合する。こうした点から古来梵網経の中国偽作説も有力に主張されるに至っているのである。それはともかくとして、涅槃経聖行品が菩薩戒の歴史上に重要な地位を占めることは疑いを容れぬ所であって、経は右のように菩薩が清浄な戒を修持した時すなわち初不動地に住するを得と説いて不動地が不動と名づけられる所以を説明している所を見れば、この持戒清浄ということが涅槃経においていかに高く価値づけられているかが知られるであろう。〔以上巻十二〕

第十二巻に入っては、不浄観を修することも菩薩の聖行なりとし、かように観じおわって四念処を得れば四念処を得た時堪忍地中に住するを得ると説く。次には四聖諦もまた聖行なりと説いて詳細に四諦を観ずるの法を説くが、四諦を説く直前に、菩薩が未だ不動地に住するを得ざる間は因縁あれば破戒しても差支えなしと主張し、その例として、仏が昔僊予国王たりし時方等を誹謗した婆羅門を殺したけれども爾来かつて地獄に堕せずという有名な一本生譚を述べている。

観四聖諦　さて四聖諦を説く文は相当に長く、その中で苦諦については八苦を分別し、生と死の離れざるを、功徳と黒闇と称する姉妹の二女が相随う譬によって説くというように、その他老・病・死苦・愛別離苦・怨憎会苦・求不得苦・五盛陰苦の七苦についても多くの巧妙な譬喩を説く。なかんずく最も有名なのは愛別離苦の譬としてあげられている頂生王（mūrdhagata）の本生譚である。頂生王は七宝具足した転輪聖王であって、ついに忉利天に上って帝釈と並座することさえできるに至ったが、悪心の故に天より堕落し愛念する所の人天と離別して命終したという筋である。この譚の中の帝釈は迦葉仏で頂生王は釈迦仏わが身であったというのであり、古来頂生王の本生譚として世に知られている。但し頂生王のことはインド古代の伝説で古く阿含や律等にも出て来るが、大本涅槃経のこの頂生王の物語は小乗涅槃経に出て来る大善見王（または大快見王）の物語に相当する輪王説話である点と、特に愛別離苦を説明するために大善見王の物語でなく頂生王の本生譚が選ばれたという点で興味がある。〔以上巻十二〕

次いで次第に集諦・滅諦・道諦を観察する法が説かれた。その際、道諦については八聖道によって一切法を見ることだと説かれたので、迦葉菩薩は早速質問を提出した。如来はかつて信心を道となすと説かれたこともあり、不放逸を道となすと説かれたこともある。或いはまた精進・観身念処・正定・念仏三昧・修無常想等を道となし、空寂・為人演説・持戒・親近善友・修慈・智慧・布施等の多数をもってそれぞれこれ道なりと説かれたこともある。しかるに今の所説のように八聖道これ道諦なりというならば、それら多くの経はみな虚妄となるではないかと。しかし仏はこれに対して答えられた。如来はあたかも良医の如くである。良医は種々の病源を識別しその患う所に随って薬を調合するが、如来もまた衆生を化益するのが目的であるからよく無量の方便をもって種々に説法するのである。故にそれらの諸経は悉く道諦に入るのであって、ここに大乗経典の秘密奥義が存すると。

次に迦葉菩薩は仏がかつて説かれた譬喩を説いて仏より賞讃を得た。その譬喩というのはこうである。仏がかつて恒河の尸首林に在した時、如来はその樹葉を取って比丘等に告げられた。われが今手中に持つ所の葉と地に生えているすべての草木の葉といずれが多いか。もとより比較にはならぬであろう。しかるにわれが覚った所の法と宣説した所とを比べると、覚った所は大地に生えている草木の葉の如く、宣説した所は手中の葉の如くである。しかしこのように如来の所説の覚りの内容に対して到底比較にも何にもならぬ少分であるが、もし四諦を説けば如来の覚った無量の法は悉くこの四諦の中に入って余す所がないと。

上智中智　このようにして四諦は声聞・縁覚の二乗にも諸仏菩薩の大乗にも共に一貫した仏教の根本的なものとして扱われているが、それでは二乗が四諦を観ずる智と仏菩薩が四諦を観ずる智とはいかに異なるかというに、二乗は苦諦についていっても諸陰を苦なりと知るのみであるが、仏菩薩は諸陰に無量の相あるのを分別してしかもその悉くが皆苦であるとするから両者は同日の談ではない。前者は中智であり後者は上智であって、上智は声聞・縁覚の知る所ではないという。故に同じく四諦を観ずるにしても、涅槃経はその四諦を全く大乗的に改訂していることが知られるであろう。

二　諦　以上現病品以来の経は、僊予国王の物語を説いた少部分を除き他は全部迦葉菩薩を所対とした説法であったが、ここから突然迦葉菩薩に代わり文殊師利が仏に対して問答することとなり、それは第十四巻の初めの部分にまで続く。突然対告衆の替わったことは、以下のこの部分がこれまでの部分と成立の時を異にしていることを意味していると見てよい。この部分では色々の問題が論ぜられているが、その中、初めには世諦と第一義諦との関係を説き、世諦とは世人の知る所、第一義諦とは出世人の知る所で、言説に随って二者を区別するに外ならぬから実際においては世諦即第一義諦であって別体であるわけではない。例えば人は父母の和合に因って生ずと説く如きを世諦といい、十二因縁和合して生ずと説く如きを第一義諦という。次いで仏の所説は無顛倒にして一道清浄なるが故に実諦と名づく、実諦は常楽我浄これなりといい、外道は常楽我浄を説くがそれは迷惑顛倒であるから仏の無顚倒なる実諦とは異なる点を力説する。〔以上巻十三〕

盲人乳色を知らず　涅槃経が常楽我浄をいうのは法身仏性についての説であって、諸行が無常・苦・無我・不浄なるはいうまでもない。しかるに外道はその差別を知らずして一概に常楽我浄を主張する。故に語は相似ていても仏法と外道とは愚智懸隔であって、譬えば性来の盲人に乳の色を教えようとしても、色白きこと貝の如しといえば貝の如く声ありやと疑い、米の粉の如しといえば米の粉の如く柔輭なりやと疑い、雪の如しといえば雪の如く冷いかと疑う。すでに米の粉の色や雪の色を知らぬのであるからたといまた米の粉は雪の如く雪は白鵠の如しと教えてもその盲人が識ることのできぬのは依然として同様であり、結局この四種の譬喩を聞いてもついに乳の真の色を識ることができぬ。外道が口に常楽我浄を説いても真の常楽我浄を知り得ぬのはまさにこれと異なる所がないと。これが有名な盲人乳色を識らずの譬である。

二種転法輪　それより文殊は如来涅槃に臨んで無上の法輪を転じたもうと述べたが、かえって仏より如来は常住不変なり涅槃せず如来は我執なし転法輪せずと誡められた。しかし仏も後には涅槃経が大乗の大法輪なることを認めて、われ昔日波羅奈城にて声聞のために法輪を転じたが今ははじめてこの拘尸那城にて菩薩のために大法輪を転ずる。波羅奈にて法輪を転じたのは中根人のためで、今この拘尸那城で大法輪を転ずるのは上根人にして人中の象王たる迦葉菩薩等のためである。如来は極下根の者のためにはついに転法輪をなさぬ。極下根の者とはすなわち一闡提であると。続いて波羅奈の初転法輪と拘尸那の大転法輪との比較がなされるが、最後に至って仏が、この故に汝いま、如来ここにおいてさらに法輪を転じたもうというべからずと告げられた時、文殊はわれこの義において知らざるに非ず、問う所以は衆生を利益せんと欲するが故なりと言っている。知ってことさらに問うという型を用いたのは初めに文殊を抑えたことに照応するもので、同様の型が第二巻中で文殊と純陀との対話の中にも採用せられたことを読者はおそらく記憶しておられるであろうと思う。

五味相生の譬　仏と文殊との対話はここで終わり、これからまた迦葉菩薩が相手となる。仏は迦葉菩薩に対し、聖行を行ずれば無所畏地に住す。悪には阿修羅の悪と人中の悪との二種があって、人中の悪にはまた一闡提の悪と方等経典を誹謗するの悪と四重禁を犯すの悪との三種があるが、無所畏地に住する菩薩はついにかような悪の中へ堕する畏れがない。のみならず、この無所畏地に住すれば二十五三昧を得て二十五有を破することができると説かれた。時に住無垢蔵王と名づける菩薩が、諸仏の智慧は不可説なれどもこの大乗経に如かずと言ったのに対し、仏はこれをまことに然りとなし諸の大乗経典は無量の功徳を成就すといえどもこの経に比せんとすればいかなる譬喩をもってするも及ぶ所ではないとし、有名な五味相生の譬を説かれた。五味とは乳・酪・生酥・熟酥・醍醐の五で皆もと牛より得られた乳を精製する五種の段階の名であるが、乳は牛よりしぼったままの未だ加工せざる生のものであるのに対し、醍醐となれば精製の極に得られた最上のものであるからこれを服すればいかなる病といえども治らぬものはないといわれる。しかるにこの五味の次第においてあたかも牛より乳を出し、乳より酪を出し、酪より生酥を出し、生酥より熟酥を出し、熟酥より醍醐を出すが如く、仏より十二部経を出し、十二部経より修多羅を出し、修多羅より方等経を出し、方等経より般若波羅蜜を出し、般若波羅蜜より大涅槃を出したのであるから、大涅槃はまさしく醍醐に相当し無上至極のものであるというのである。経がこの五味相生の譬を説くのは、もともと大涅槃が最上の法たることあたかも醍醐が最妙なる如しと言おうとするためであった。しかるにたまたま五味の次第相生の譬を借りて説いたために、後来中国の学者の中には十二部経・修多羅・方等経・般若波羅蜜・大涅槃の五を仏説中の特定の教に擬配しもって漸教五時説を説く証拠たらしめようとする者を生じた。梁代涅槃宗の学者がそれを有力な教証としたのである。しかし経よりすれば本来そのような意味でなかったことはいうまでもなく、従って涅槃宗の学者が阿含・般若・方等・法華・涅槃の経に配釈したのはもとより牽強附会を免れなかった。

血写　迦葉菩薩は大涅槃経はなお醍醐の如しという仏の語を聞いて感激の余り、われ今は実によく皮を剝いで紙となし血を刺して墨となし髄をもって水となし骨を折って筆となしてかくの如き大涅槃経を書写するに堪忍す、書きおわって読誦し共に通ずることができたならば然る後、人のためにその義を広説するであろうと誓った。悲壮の決意真に文字通り骨髄に徹するものである。この文は梵網経の中にも出ているが、古来血写経の実際に行われたのは確かにこの経の感化に負う所大なるを否定し得ない。なお迦葉菩薩は若し衆生あって財物に貪著するものには財を施してのち涅槃経を勧めて読ましめるが、大乗経を誹謗する者は勢力をもって摧伏してのち勧めて読ましめ、大乗経を愛敬する者にはみずから恭敬尊重をなさんと誓った。仏は迦葉菩薩のこのような熱烈な護法心を深く称揚し、汝はこの善心により無量の大菩薩よりも前んじて成道することができるであろうと授記せられ、超越成仏の実例として自身の本生を語られた。それが古来仏教文学ならびに仏教芸術の上に深刻な影響を及ぼしたかの雪山求道の物語である。

雪山求道　雪山求道の本生譚は以前小学校の読本にも「修行者と羅刹」という名で載せられたこともありひろく知悉されている所であるから、今その筋を詳述することは略するが、要するに釈迦仏が昔未だ無仏の世に婆羅門となり雪山に住して菩薩行を修しておられた時、帝釈がその心を試みようとして畏るべき羅刹の像となり近づいて過去仏所説の諸行無常是生滅法という半偈を説いた。菩薩は残りの半偈を聞かんが為に自身を羅刹に与えることを約し、生滅滅已寂滅為楽という残りの半偈を聞くや後世に伝えるべく石にも壁にも樹にも道にも処を選ばずこの偈を書写してその後高樹の上より羅刹に向かって身を投じた。しかしその時羅刹は忽ち帝釈の本身に復して空中に菩薩を受けとり、如来の大法を愛惜するによって菩薩を悩ましたことを語りその罪を懺悔したというのである。ここに説かれた物語は半偈を聞くために一身を棄てて惜しまなかったという崇高な求法心を表現したもので、釈迦仏は菩薩の時にかかる大勇猛心をもって正法を求められたためについに十二劫も超越して弥勒菩薩より前に成道せられたと説かれている。帝釈の護法ということや精進力の故に釈迦が弥勒より前に成道せられたということは阿含等に往々出て来る所であるから、今の雪山求道譚も素材は古くより伝説せられたものに相違ないが、その文学的表現のいかにも真に迫っていることは涅槃経の流布に随いアジアの仏教徒に深い感銘を与えた。大品経の常啼菩薩及び華厳経の善財童子の二求法物語と相ならんで経典文学中の三大雄篇と称せられる所以である。諸行無常の一偈はその意を写した妙訳「いろは歌」となって日本人の思想生活に滲透し、雪山童子施身聞偈の本生譚が画かれた法隆寺の御物玉虫の厨子は、わが国最古の絵画として著名なるのみでなくまた熱烈な求道心を表した教訓的資料として尊重せられるに至っている。以上のように釈迦仏の本生譚を説くのは迦葉菩薩が超越成仏の授記を得たことに対する例証とするためであった。故に持戒及び四諦の修行にはじまった五行の中の聖行は、今や迦葉の授記と釈迦仏の本生譚とが説かれたことによってここに一段落に到達したのである。〔以上聖行品〕

梵行七善四無量心　次に梵行品に移って菩薩の梵行とはいかなることかといえば、まず初めに大乗大涅槃に住して七善の法に住することであるとし、知法（以上巻十四）、知義、知時、知足、知自、知衆、知尊卑の七法を具すべきことを説き、次にまた梵行あり、いわく慈・悲・喜・捨なりといって、慈・悲・喜・捨の四無量心を広説する。中で慈心中に、食を布施する時、漿を布施する時、車乗を施す時、衣を布施する時、香を布施する時、牀敷を施す時、舎宅を施す時、燈明を施す時等をあげ、それらの場合にはそれぞれの時に応じてかくかくの願を作すべしと説いている。また一切の声聞・縁覚・菩薩・諸仏如来のあらゆる善根は慈を根本となし、慈は不可思議なる諸仏の境界であり慈は即ち是れ如来である。慈は即ち是れ衆生の仏性であると説き、このような菩薩の修する慈は声聞の慈と異なる所以を明らかにした。それでは菩薩の威力が及ぶ限りその慈を受けて諸の衆生は等しくみな快楽を受くべきはずなるに、事実然らざるは何ぞやといえば、若し衆生の必ず苦を受ける者即ち一闡提に対しては菩薩の慈は利益がないが、決定的に受苦の非ざる者に対しては菩薩の慈は利益をなして悉く快楽を受けしめるという。一闡提がなお不可治とされているのを注意されたい。次に慈に神通力があって不可思議の作用のある例をあげ、阿闍世王が酔象を放って仏及び仏弟子を害しようとした時仏が慈定に入り五指より五師子を出してこれを調伏せしめられた話、五百の力士が力を尽くしてもあげ得なかった大石を仏は足の拇指で虚空へ擲げもって力士の憍慢心を息められた話、尼犍が樹木を斬伐して仏の来化を妨げたのに対し慈心によって仏は樹木をもとのように生ぜしめられた話が説かれた。〔以上巻十五〕

また愛児をうしなったために狂乱して裸行で啼き歩く婆私吒という婆羅門女が仏を見て子と想い仏を抱いて接口したがこれを本心に復して発菩提心せしめられた話、髀肉を病僧に施した摩訶斯那達多という優婆夷が苦痛に堪えず南無仏陀、南無仏陀と叫んだ時慈心により仏が現れて苦を去り説法し発心せしめられた話、調達が貪食のため鼓腹で苦に堪えず南無仏陀と叫んだ時慈心により塩湯を服して平復せしめられた話、波斯匿王に捕えられて目を抉られた群賊が南無仏陀と呼んだ時如来がその前に立って説法発心せしめられた話、父王を殺して自立した瑠璃太子のために耳や鼻をそぎ手や足を断って阬塹に陥れられた釈種の女万二千人に南無仏陀の声を聞いて水をもって瘡を洗い五体もとの如くならしめ発心出家せしめられた話などが説かれた。

極愛一子地　慈・悲・喜を修しおわれば極愛の一子地に住するを得る。極愛一子地とは、この地に住する菩薩は衆生を見ること一子に同じく、修善を見ては大いに歓喜し、煩悩の病に纏らるるを見ては心に愁悩を生じて憂念すること子の如くであるのによる。故に父母が愛子の己を捨てて終亡せば自らを追ってこれと運命を共にしようと願うが如く、地獄に陥ちた一闡提を見たならばこの菩薩は自らも倶に地獄の中に生じたい、もし一闡提が受苦の時一念でも改悔の心を生ずるならば、われはその機に乗じて説法し一念の善根を生ぜしめようと願う。一子地の菩薩が慈心の深厚なるはまさにかくの如くであると説かれた。不可治の一闡提に対し成仏の可能が許されるに至る過程を認められよう。

仏は煩悩の因縁とならず　迦葉菩薩問うて曰く、もし諸菩薩の一子地に住することこのようであるならば、どうして如来は昔国王となって菩薩行を行ぜられし時婆羅門の命を断たれたのか、また一切衆生を平等に見ること一子羅睺羅に同じというならば何故に如来はまたかつて提婆達多に向かい癡人羞なし人の洟唾を食うと罵って彼を瞋らしめ、そのために仏身より血を出すという悪逆をなさしめ、また如来は予言して提婆達多は地獄に堕して一劫受罪すべしと説かれたか。しかるに声聞の須菩提すら彼は虚空地に住するが故に凡そ城に入って飲食を求め乞おうとするには必ずまず人を観じ、もし己を嫌う者あれば止めて行かずたとい極飢堪え難い時にもわれを嫌うによって彼をして地獄に堕し苦悩を受けさせることを懼れなお忍んで行乞しなかったという。また須菩提はもし衆生がわれの起つのを終日端坐して起たずと誓ったともいう。声聞の須菩提すら衆生を護るがために、どうして菩薩にしてしかも一子地を得た者がこのような衆生に重悪の心を起こさしむることをなすのかと。仏答えて曰く、汝今まさにかくの如き難をなすべからず。仏如来が衆生のために煩悩の因縁となることは断じてない。たとい四重禁罪を犯した者や一闡提及び謗正法の者が現身に十力・無畏・三十二相・八十種好を成じようとも、たとい十住の菩薩が四重禁を犯し一闡提となり正法を誹謗しようとも、たとい一切無量の衆生が仏性を喪滅し如来が究竟して般涅槃に入ろうとも、それらあり得べからざることがもし仮にあり得たとしても如来が衆生のために煩悩の因縁となるようなことは断じてあり得ない所である。仏が昔王たりし時婆羅門を殺したのは愛念によるものであって悪心によるものではなかった。その婆羅門は地獄に堕したが自ら謗法の故に地獄に堕したことを知り、すなわち大乗経典において信を生じ次いで甘露鼓如来の世界に生まれて寿命十劫を得たのである。どうしてこれを殺人ということが出来ようか。仏教では殺を下中上の三種に分かつが、一闡提を殺したものはその三種の中に入らぬ。地を掘って草を刈り樹を斫るのが罪なきと同様で、一闡提はこれを殺すも何等罪報のあるべきものでない。しかるに仏が先に国王たりし時殺した婆羅門というのは一闡提であった。故に仏はこれを殺しても地獄に堕するということがなかったのである。また汝は如来が提婆達多を癡人唾を食うと罵ったことについて非難をしたが、それにはそれだけの必要があってこれをなしたのであり、決して無益に敢てしたのではない。仏がかつて曠野鬼を畏れさせたのも同様である。

されば、これらの例によって知られるように、如来は正法に安住せしめようとするために種々の方便を示すのであって、実に本心より衆生を怖畏せしめたり害したり罵辱したりなどすることは全くなく、汝は如来が提婆達多を罵辱し提婆達多は地獄に堕したというが、如来が実に罵辱したこともなければ、提婆達多が阿鼻地獄に堕して受罪一劫であったということもない。提婆達多は一闡提に非ず、また声聞・辟支仏でもない。その真実の境地はただ諸仏のみの知見する所である。

空平等地　以上のように懇切な示誨を蒙って明らかに了解した迦葉菩薩はさらに問題を進めて次のように質問した。曰く、もし菩薩が四無量心の中、慈・悲・喜の三を修する時に一子地を得るならば、捨心を修する時には何地を得るであろうかと。これに対し仏は、捨心を修する時は空平等地に住するを得て須菩提の如しと説かれた。ここで空が問題になり、空とは云何との問いに応じて、空とはいわゆる内空、外空、内外空、有為空、無為空、無始空、性空、無所有空、第一義空、空空、大空なりと十一空があげられ、十一空が次第に解説される。そしてこのような空門を得れば則ち虚空等地に住することを得るといわれているが、その虚空等地とは前記空平等地のことであり、それは一切法中において滞礙なきが故に虚空等地と名づけられるのである。

次いで菩薩がこの地に住すれば知って見ざる面と亦見亦知の面とがあるとなし、初めに知って見ざる面をあげている。その中に列挙されている外道苦行修行の法は頗る興味深い資料であるが、今はそれを詳述するいとまがない。しかして菩薩はこのような法を修行することによっては一人として正解脱を得る者あるを見ないが故にこれは知って見ざる面である。これに反しそうした邪法を行じた者は必ず地獄に堕するを見、そのような者も地獄より出て人中に生じもしよく諸波羅蜜を修行すればこの人は必ず正解脱に入り得ることを知る。それが亦見亦知の面である。菩薩は如来定んで畢竟涅槃に入ることなきを知り、一切衆生悉く仏性あるを知り、しかも常無常・苦楽・浄不浄・我無我を見る。これまた亦見亦知の面である。

四無礙　次にこれらの知をよくすれば四無礙を得るとして、法無礙・義無礙・辞無礙・楽説無礙の四が説かれた。その中で義無礙を解釈した文の中に、乗は三ありといえどもその一に帰するを知って終に差別の相あるをいわずという文の存するのが注意せられる。三乗の差別が終局は一仏乗に帰入することを涅槃経では最早既定の事実としているのである。

〔以上巻十六〕

九部経の中で我れは声聞縁覚に四無礙ありと説いたが、彼等には真実には四無礙はない。真に四無礙を修するのは菩薩のみのことであるという。九部経は小乗の教えの別名である。

本有今無偈　迦葉菩薩が本有今無偈の意味を問うたのに答え本有と今無を色々の方面から論ぜられているが、その中の一例として次の説のあるのを見出す。曰く、

本有と言うは、我れ初め阿耨多羅三藐三菩提を得たる時、諸の鈍根の声聞弟子のみありき。鈍根の声聞弟子ありしを以ての故に、一乗の実を演説するを得ざりしなり。本無と言うは、本と利根の人中象王迦葉菩薩等なかりき。利根の迦葉等なかりしを以ての故に、宜しきに随い方便して三乗を開示せり。若し沙門あり若しは婆羅門若しは天若しは魔若しは梵若しは人の説いて、如来は去来現在畢竟して三乗の法を演説したまうと言うことあらばこの処あることなし。

これが「本有りて今無し、本無くして今有り、三世に法ありとは、是の処あることなし」という偈の意味を解説する一例としてあげられたものであった。仏初成道の時鈍根の者のみであったから一乗の実を説くを得ず方便して三乗を開示したとあるが、これは法華経方便品の偈頌所説の意とまさに符節を合する如く一致しているではないか。先述の三乗帰一の説といい、今の方便説三の説といい、法華経が一乗思想の上で涅槃経に対しいかに影響する所大であったかは推して知るべきである。

世諦即第一義諦　そしてこの問題に関連し、如来にはついに虚妄というものは毫末も存しないが、もし衆生が虚妄の説に因って法利を得ることありと知るならば宜しきに随い方便してこれを説くことがないではない。故に虚妄を説くのを世諦とするならば仏は世諦を説くも、その終局目的はそれによって衆生に第一義諦を悟らしめんがために外ならぬから、その意味で一切の世諦はもし如来においてはそのまま第一義諦であるといわねばならぬ。けだし衆生をして第一義を得せしめようとの目的によらない限り、仏はついに世諦を宣説することがないからであると。この主張は何と遠大なる思想を懐抱していることか。経は仏の大慈悲心の上で世諦即第一義諦を説くが、二諦相即の関係を純粋に究明してゆけばこれは哲学上の大問題として発展する。

常住法と証得　次に第一義諦・道・菩提・涅槃は同体の異名といわれるが、道・菩提・涅槃を得といえばそれらは無常ということになり、もし法を常なりとすれば常法は不可得なるはずであるから、結局法の常住ということと得道ということとは両立せぬではないかとの疑いが起こる。これに対し仏は、道・菩提・涅槃は悉く常住である、但し常住ではあるが一切衆生は無量の煩悩に覆われ見るを得ないでいるから、これを見ようと欲すれば戒定慧を修しその力によって見るべきであり、見ることを得た時に道・菩提・涅槃が新たに生じたというものではない。それは不生不滅なものとして本来常住なものである。しかるにこれを知らずして、道もなければ菩提もなく涅槃もないと主張する如き者あらば、かかる者を一闡提と名づけるのであって、法を謗り仏を謗る所の恐るべき魔の眷属であると。迦葉菩薩はここに領解し偈をもって仏を讃歎した。そしてまた菩薩と世間との関係について質したので、仏はもし初めて涅槃経を聞いて敬信を生じ発菩提心する者はこれを世間の菩薩と名づけるといい、その菩薩が浄戒を修持し禅定を修めて十一空を得、戒定すでに備わって次に浄慧を修し四倒のために動かされざるに至れば、その時菩薩は世間と名づけずと説かれた。以下菩薩が戒定慧を修学する次第が述べられている。中で涅槃経を受持する者の禁戒堅持を力説し、この経を受持して戒を毀る者は衆生の悪知識なりわが弟子に非ずこれ魔の眷属なり、このような人にはわれまたこの典を受持することをゆるさずとさえいう。かように持戒清浄が力説されるのは一面一般教団の堕落に対する意味もあるには相違ないけれども、自らの大乗がいかに高遠の哲学を説いてもその論者の行為が倫理を外れていたならば到底他人の信服を受けるわけにはゆかぬのを顧慮し、大法弘通の方便的意味においても持経者の厳正な自粛が特に強く要求せられたものと思う。〔以上巻十七〕

法滅時の諍論　次いで、六念処を修することが説かれた後、大涅槃経の乃至この五行すなわち聖行・梵行・天行・病行・嬰児行の五行を行ずる者があるなれば、その時仏法は未だ滅しないであろうが、涅槃経が具足して流布する時といえどもわが弟子にしてもし多く禁戒を犯してこの経を敬信する能わずんば、仏法は間もなく滅するであろうと厳誡せられた。そして迦葉仏の時には法が七日にして滅尽した所以を説明し、仏法久住の因と滅亡の因とを相対して列挙せられたが、これについて法滅の時の諍論十四項が列挙されているのは注意をひく。

(一) 神あり—神は空なり
(二) 中陰あり—中陰なし
(三) 三世あり—三世なし
(四) 三乗あり—三乗なし
(五) 一切あり—一切なし
(六) 衆生始終あり—衆生始終なし
(七) 十二因縁は有為法なり—因縁は無為法なり
(八) 如来に病苦行あり—如来に病苦行なし
(九) 如来は比丘に十種の肉(人・蛇・象・馬・驢・狗・師子・猪・狐・獼猴)を食することは聴さず、その余は悉く聴したまえり—一切聴したまわず
(十) 比丘は五事(刀・酒・酪・沙・胡麻油等を売る)を作さざれば、その余は悉く聴したまう

㈩　五種の舎（屠児・婬女・酒家等の舎）に入るを聴さず、余の舎は悉く聴したまう
㈪　憍奢耶衣を著ることを聴さず、余は一切聴したまう
㈫　如来は諸比丘に衣食臥具のその価各々十万両金なるを受畜するを聴したまう――聴したまわず
㈬　涅槃は常楽我浄なり――涅槃は直だこれ結の尽きたるのみ、更に別法の名づけて涅槃となすべきなし

これは涅槃経成立時代における教界の論義題目を示す一端として興味深い資料である。しかもこれに続いて法滅の時における拘睒弥国（Kauśāmbī）の騒乱が説かれているが、拘睒弥にて比丘が戒律の問題で両派に分かれて諍論し為に仏法ついに滅ぶということは南北両伝の等しく伝える所で、近くは雑阿含等（巻二十五）にも見えているから、正法の護持を強調する涅槃経は今や法滅の誓めとして最後にこれを法滅の予言という形で説いたのであった。〔以上巻十八〕

闍王入信　さて法滅の予言に娑羅双樹間の大衆は世間虚空世間虚空と歎息し、迦葉菩薩が三宝常住と慰喩するのを聞いて悉く発菩提心した。そこでいよいよ梵行品の最後を飾る阿闍世王入信の劇的場面に入ることとなる。ここの所は長い涅槃経の中でも一番感銘の深い部分で雄大な構想と深刻な哲学をもって人情の機微に徹到しつつ廻心過程に繊細な観察

を下している。まことに比類なき経典文学の最高峰というべきものであるが、今はその内容をわずかに要領だけ紹介するにとどめておく。

王舎城の阿闍世王（Ajātaśatru）は悪人の言に従って無辜の父王頻婆娑羅に逆害を加えた。後に心に悔いて遍体に瘡を生じ、その瘡は臭気鼻を衝き近づくことができぬ。王も今は地獄の果報遠からずと苦悶している。母の韋提希は哀愍に堪えず種々の薬をもって看護するが、瘡はいよいよ増大するのみでいささかも快方に向かうと見えぬ。王は「かくの如き瘡は心より生ず、四大より起るに非ざれば何人も能く治する者なし」と観念し、ひたすら己が罪の深きにおののくのみである。時に大臣月称をはじめ王宮の重臣六人はこもごも入って当時知名の哲人六人の徳望と教説とを語り、速やかにその所に至って帰依し救いを請うべきを白した。その六人の哲人とは富蘭那、末伽梨拘舎離子、刪闍耶毗羅胝子、阿耆多翅舎欽婆羅、迦羅鳩駄迦旃延、尼乾陀若提子の六人で、いわゆる六師外道と称される者である。しかし最後に王宮の大医耆婆が伺候して病を問うに及び、阿闍世王は耆婆の導きによって仏の正信に入る道が開かれるのである。阿闍世王は、われ今病重し、正法の王において悪逆の害を興せり、一切の良医・妙薬・咒術も善巧の瞻病も治する能わざる所と深き悔恨に沈んでいたが、耆婆は慰喩して言った。善い哉善い哉、王は罪を作したもうといえども心に重悔を生じて慚愧を懐きたまえり。もし慚愧を懐かば罪則ち消滅す。一闡提は因果を信ぜず慚愧あるなきも、大王今は一闡提にあらず、云何ぞしかも救療すべからずと言わん。迦毗羅城浄飯王の子にして姓は瞿曇氏字は悉達多といえる人無師自悟して成道し、今此を去ること十二由旬の拘尸那城娑羅双樹の間に在り。三逆罪を作せる提婆達多をすら為に法要を説いて重罪を微薄ならしめたまえり。大王若し能く臣の語を信じたまわば、願わくは速やかに如来の所に至りたまえ。諸仏世尊は怨親平等にして心憎愛なし、と切々の情を披瀝して耆婆が勧めた。しかも骨髄に徹して己が罪の深重なるを感じている闍王は、たといわれ往くも恐らくは顧念せらるることなからんと言って躊躇するばかりである。しかしその時虚空に声あっていわく、仏日将に没せんとす、仏若し世を去りたまわば王の重悪は更に治する者なし。われ今汝を愍むが故に勧導す、大王速やかに仏所に往け、と。この幽冥の声に接し、王は仰いで声の主は誰ぞと問えば、また声ありていう、大王、われはこれ汝の父頻婆娑羅なり、と。阿闍世王が忽ち悶絶して地にたおれ、遍体の苦痛さらに前に倍したのはいうまでもない。〔以上巻十九〕

その時世尊は双樹の間に在したが、阿闍世王が悶絶して地にたおれたるを遥かに見、われ今まさにこの王のために住世無量劫に至るも涅槃に入らず、阿闍世王は五逆を造った者であるから、この王のためとはすなわち一切の凡夫のためという意なり、すなわち煩悩を具足したる者のためにわれ涅槃に入らずと説き、大悲導師の世尊は阿闍世王のために月愛三昧に入って大光明を放ち、その光をもって王の身を照らされた。するとさしもの瘡も忽ちに癒えて王は身体清涼となった。耆婆がそこでこれは瑞相なり、まず王の身を治して然る後王の心に及ぼされるならんと言ったが、王は己の如き重罪の者を尊き如来がいかにして顧念せられることあらんやとおそれ、躊躇逡巡しなお意を決しなかった。このあたりの叙述は闍王における苦悶の心理を描写し得て、妙を極む。洞徹した観察を通して筆勢躍動し、思わず三歎せしめられるものがある。闍王はついに、如来は一闡提のためにも説法したもうという耆婆の語に動かされ、今や意を決し、然らば改めて良日吉辰を択んで後往かんと言うまでに至ったが、耆婆は如来の法中には良日吉辰を選ぶことなし、重病人はただ良薬を求むべきで良時好日は問う所でない、大王よ今日速やかに往きたまえと勧めた。こうして阿闍世王は夫人以下多くの従者を率いて出かけることとなるが、途中で毗瑠璃王が船中火に遇って死んだこと、瞿迦離比丘が生きながら地に入って阿鼻地獄に堕したこと、生前種々の悪をなした須那刹多は仏所に到って衆罪滅したことなどを聞き戦慄措く能わず、耆婆に向かって、われ汝と同じく一象に載らんと欲す、もし我れ阿鼻地獄に入らんとせば、汝は得道の人なり冀くば我を捉えて堕せざらしめよと懇請する場面がある。ようやく娑羅双樹の間に到着し恐る恐る仏の所に近づけば、突然世尊は大王と呼ばれた。阿闍世王はわが耳を疑ったが、またしても再び如来が阿闍世大王と喚ばれるに及んで、自ら如来の顧命を得たことを知って歓喜は喩えようもなかった。それより仏が諄々として正法の要を説き身の二十事を観ずべきこと諸法の性相は無常なること等を教えられたので、阿闍世はその如く観じて無根信を得ることができたのである。伊蘭の種子より伊蘭の樹が生えるならば不思議はないが、今や臭き伊蘭の種子より香り高き栴檀の樹が生えた如くであって、まさしく無根の信を得たのであった。王はもとより夫人も人民も悉く菩提心を発し、なかんずく阿闍世王の誓願は不抜なものであった。すなわち、若し我れ能く衆生の悪心を破壊し得るならば、たとい常に阿鼻地獄に在って無量劫の間衆生の為に大苦悩を受けても苦しみと思わぬであろうと。阿闍世王はわれ今無常身を捨てて常身を得たりと自ら深く慶喜しているが、これはすでに彼が大菩薩となっていることを証するものである。世尊は王を讃じて、汝は昔すでに毗婆尸仏の所において初めて発菩提心せるなりと告げいよいよ勧めて精進すべきを勧められ、王は挙国の人民と共に喜びに満ちて王宮へ還るのである。

天行品　なおこの梵行品の最後の所で、天行品は雑華に説く如しと言い、五行中の天行については此の経中に何も説く所がない。〔以上梵行品〕

嬰児行　次の嬰児行品は極めて短い。嬰児行とは嬰児が起居自由ならずして動かざる如く如来もまた諸法に著せずして身行に動揺なきを嬰児行と名づける意と、嬰児をあやすには方便して啼くのを止める如く如来も凡夫や二乗を導くために方便の説をなすを嬰児行と名づける意と、この二つの意味を含むとせられている。すなわち如来が嬰児のように執著がないという意味と如来は嬰児に対するように衆生を教化するという意味と、この二義によって嬰児行と称するのだというのである。その中、後者の譬として説かれている黄葉真金の譬喩は有名である。嬰児が泣く時父母は楊樹の黄葉を与えて泣くな泣くなお前に金をやるからといってあやす。その時与えるのは金ではなくて楊樹の葉であるが、しかしそれによって嬰児の泣くのをとめることはできる。それと同じように如来は衆生が衆悪を作って因果を知らなければ、三十三天は常楽我浄の楽しい所だと説き、そこへ生まれるための善業を修せしめられるが、実は三十三天といえども生死は免れぬ無常・無楽・無我・無浄の所であるから、結局それは現世に執著して悪業をなすのをやめさせるための手段にすぎぬ。この黄葉真金の譬喩に見られるような嬰児行は仏の方便説を説明するものとして頗る面白い。嬰児行品では、実には二乗なきにかかわらず如来が二乗を説くのも、またこれ嬰児行なりとしているのである。

最後にこの五行を受持読誦し書写解説するものは必ずこのような五行を得られると説き、迦葉菩薩がわれもまさにこの五行を得べしと誓ったら、仏はひとり汝のみではない今この会中の九十三万人もまた汝と同じくこの五行を得るであろうと説かれた。それでこの五行の説は終わっているが、これをもって見るに涅槃経中この五行の説のみで一段をなしてい

ることがはっきりと知られるであろう。〔以上嬰児行品、以上巻二十〕

第四集　十徳の巻

光明遍照高貴徳王菩薩品

十事功徳　第二十一巻の初めに世尊は突然、光明遍照高貴徳王菩薩を相手として説法を始められる。この菩薩の名は涅槃経中これまでかつて一度も出て来たことがなく、従ってこの品が説かれる場面というものは全く不明なままに、今度は迦葉菩薩に代わって徳王菩薩が登場して来た。そして仏はいきなりこの菩薩に向かって、菩薩がこのような大涅槃経を修行すれば十事の功徳があって声聞・辟支仏と共ならず不可思議なりと言い、早速第一の功徳を説き始められるのである。第一の功徳は、聞かざる所をよく聞くを得、聞きおわってよく利益をなし、よく疑惑の心を断じ、慧心正直にして曲ることなく、よく如来の密蔵を知るというこの五事なりとせられる。

微密の義　中について聞かざる所をしかもよく聞くを得るとは涅槃経に明かす所の甚深

微密の義であって、その内容は一切衆生悉く仏性ありということと、仏法衆僧の三宝は差別なしということと、三宝の性相は常楽我浄なりということと、一切の諸仏は畢竟して涅槃に入る者なく常住不変なりということと、如来の涅槃は有無・有為無為・有漏無漏等と分別すべからざるものなりということとの五義なりという。涅槃経の所説内容を涅槃経自らが列挙しているのは、この品の成立した時に如上の内容を有する涅槃経がすでに存在していてその上でこの品が附け加えられたことを示す。しかし注意すべきは、第五項のよく如来の深密義を知るという項で、如来の深密義とはすなわちこれ大般涅槃であるが、これを詳しくいえば一切衆生に悉く仏性があって四重禁を犯した者は懺悔し謗法の者はその心を除き五逆をなせる者はその罪を尽くし一闡提の者は一闡提を滅して然る後に阿耨多羅三藐三菩提を成じ得べしとなしていることである。前の聞かざるをよく聞くという所で説いた所の甚深微密の義の内容と今のよく如来深密の義を知るという所で説かれている内容とが悉有仏性という点を除いて不同であるのがまず目につき、それはなお可なりとするも、従前の諸品にあってはたとい犯重・謗法・五逆の者に成仏の可能は認めても一闡提に対してのみは断じて成仏を許さないというのが趣意であったにもかかわらず、今や一闡提に対しても他と同様公然と成仏の可能を認めているではないか。ここに前来諸品と截然区別されるべき新展開を示していることが知られるのであって、一闡提を滅して然る後に成仏すといっているその含蓄多い表現はもっとも興味をひく。しかし一闡提を滅すということが正確にはいかなる意味か、それはここには解説されていないから後の文にまたねばならぬ。

光明遍照　次いで光明遍照高貴徳王菩薩は聞かざる所を聞くという語に含まれる概念上の矛盾を指摘して質問を提するが、世尊はこの菩薩を讃じて汝今よく諸法の如幻なるを知る十住菩薩の知見する所の如しと言われた。その時忽然として大衆中に光明が輝いたので、世尊が何故に大衆中にこの光明があるかを文殊に問われると、文殊は第一義諦をもって答えたので仏は重ねて世諦をもって解説すべきを命ぜられた。よって文殊が以下光明の由来を説くことになる。

それによると、東方に不動と名づける仏の世界があってそこの人民は皆菩薩でありいずれも皆光明がある。その仏は満月光明如来と号し、瑠璃光菩薩のために大涅槃経を講じておられる。しかし満月光明如来は、いま娑婆世界の釈迦牟尼如来が光明遍照高貴徳王という菩薩に向かって涅槃経を説いておられるから汝は彼所に往って聞けといわれたため、その命の如く瑠璃光菩薩が多くの菩薩と共にここへ来ようとしてまずこの光明の瑞相を現じたのであるという。

そうこうする中に瑠璃光菩薩は拘尸那城娑羅双樹の所へ来たって、釈迦牟尼仏を供養した。世尊はかの菩薩に対して汝は到来せりや到来せずやと問われたが、瑠璃光菩薩は、到亦不来、不到亦不来、われこの義を観ずるにすべて来あるなしと答えてあたかも維摩経の文殊問疾の際における問答と相似たことを言い、進んで涅槃経を修行するに聞かざる所を聞くとはいかなることかを諮問した。そこで仏は聞かざる所を聞くとは一切の法において所住なく一切の法相を執せぬことなりと説き、ここで有名な不生生不可説・生生亦不可説・生不生亦不可説・不生不生亦不可説・生亦不可説・不生亦不可説ということを演説される。その意は要するに諸法の実相は言説をもっていい表すことはできぬことを明らかにしたもので、全くこれ般若的論理というべきであるが、天台大師智顗はこれをその四教判の中にとり入れて配釈している。それはともかく仏はここで生住異壊の四相についてこれらの四相の根柢に横たわる本性は常住たることを闡明せられたから、瑠璃光等の東方より来たれる菩薩は疑問氷解し虚空に踊り上がった。次いで無畏菩薩が彼の不動世界へ生ずるにはいかなる業を造るべきかを問い、仏が偈をもって不動国へ生ずるの業を答えられた後、無畏菩薩が再び徳王菩薩の諮問に答えられんことを請うに至って、東方不動世界に関する説は終わるのである。従ってこれ以後はまた光明遍照高貴徳王菩薩のみが説法の相手となって、論が進められる。

涅槃常住　徳王菩薩は涅槃の性は無常に非ずやと問い、仏は涅槃の体は常住なり本無今有に非ず、因を生因・和合因・住因・増長因・遠因と分かてば涅槃の体はこの五因に因って成ぜるに非ず、またもし因を作因と了因とに分かてば大涅槃は作因に従って有るに非ずただ了因に従る、すなわち三十七助道法や六波羅蜜を行ずるによって本来ある涅槃が顕了となるに外ならぬから、大涅槃はこれ常住なりと説明せられた。〔以上巻二十一〕

前巻の末に布施はこれ涅槃の因にして大涅槃の因に非ず、檀波羅蜜こそ大涅槃の因なりと説かれたことに端を発し、本巻はまず布施と檀波羅蜜との区別如何ということより始まり、その中六波羅蜜については仏雑華経中に広く説く如しと言ってここでも華厳経を指している。

一闡提と仏性　それから徳王菩薩は続いてまた聞かざるをしかも聞くという問題に還って、聞かざるをしかも聞くとは声聞縁覚の経中では仏に常楽我浄あって畢竟不滅なること、三宝と仏性は無差別なること、犯四重禁・謗方等経・作五逆罪・一闡提の者が悉く仏性ありということ、これらの義をかつて聞き得なかったのに対し、それが今この経において始めて聞き得ることを指すと教えられたのに関連し、もし世尊の説の如く犯重禁・諸方等経・作五逆罪及び一闡提等が皆仏性ありというならば彼等はいかにして地獄に堕するということがあり得るか、一闡提とは断善根という意味なりと聞いているが、一闡提が善根を断ずる時には仏性も断ずるか如何、もし仏性を断ぜぬというならばこれを一闡提と名づける理由は如何と詰問した。要するに一闡提と仏性との関係如何を明瞭にしようと欲するのである。

ここにおいて仏の答えは次の如くであった。曰く、一闡提は決定的のものではない。もし一闡提が決定不変のものならばそれが成仏するということはあり得ないはずであるが、一闡提は不決定であるから成仏し得るのである。また一闡提が断善根なりといっても、仏性はその際断滅せられる善根の中には入らぬものである。すなわち一闡提は善根は断ずるが仏性は断じないのであって、もし断じ得られるものならばまた再び得ることがあるけれども、仏性についてはまた再び得るということがなく先天的に本具するものであるから、従ってこれを断ずるということもあり得ない。一闡提は仏性を断ぜずしてこれを保持するが故に、一度は一闡提となっても永久不変に一闡提たるものではない。しかしこのように不決定ということは一闡提にのみ限ったことでなく、一切の諸法はすべて不定である。特に如来涅槃もまた不定であって、如来涅槃に決定の解釈をなすことは不可である。如来は有漏に非ず無漏に非ず、有為に非ず無為に非ず、如来に非ず如来ならざるにも非ず。それ故に如来は不定である。これについて、如来が有漏に非ずということが次の巻の半ばにわたって詳論せられ、次の巻の後半で如来の無漏に非ざる所以を論ぜられているが、この巻の中ではそれに関して釈迦仏の一本生譚が語られた。

売身供養　それによると、過去無量無辺那由他劫に釈迦牟尼如来という仏があって涅槃経を説いておられた。時にわれは供養しようと欲したが赤貧にして一物も有していなかったから自ら身を売ろうとした。しかし惜しい哉買手がないのでやむなく家へ還ろうとしていると、たまたま一人の買手を見付けたが、その買手の条件はこうである。自分は悪病を患い、良医の診察によれば毎日人肉三両を服しなければならぬ。故に卿もし身肉三両を日々給せられるならば予は金銭五枚を支払うであろうと。自分はこれを聞いて大いに喜び、直ちに請うて一日分の銭を前借し、それを持って仏の所に至り奉献した。そして誠心をもってこの経を聴受したが、闇鈍にしてよく受持し得たのはただ、「如来涅槃を証して永く生死を断じたまう、若し至心に聴くことあらば常に無量の楽を得ん」という一偈の文句のみであった。それより病人の家へ行き毎日三両の肉を与えたが偈を念ずるために苦痛とならず、こうして一カ月間一日も欠かすことなく続けた。こうしてその病人は病癒ゆることを得、わが身も平復して少しの瘡痍も残らなかった。この大功力を体験したわれはますます信を篤くし、ついに未来成仏を得たならばわれも釈迦牟尼という字を得んと発願した。われが今日大衆中にて涅槃経を完全に説き得るのは、このように過去世において身を売って受持した偈の因縁力によるものであると。これは聖行品末の雪山童子の捨身聞偈の物語に類するが、今は涅槃経の功徳無量なるを表すのが趣意となっているのである。〔以上巻二十二〕

六難値遇　世に値遇し難きこと六ありて、それは仏世に遇い難きと、正法の聞き難きと、善心の生じ難きと、中国の生じ難きと、人身の得難きと、語根の具し難きと、この六事であるが、この得難き六を已に得たりとせば菩薩は正に大精進を発して涅槃経の修行をつとめねばならぬ。それについて身心あるが為に種々の悪を造って衆苦を受けるから、菩薩はよろしく已が心身に於て大怖畏を生ずべきであるとし、こうして心身を観ずる手段として一篋四蛇の譬が説かれた。

一篋四蛇　王が四匹の毒蛇を一の篋（はこ）に入れ、人をしてこれを飼わしめられた。もし一蛇にても恚（いか）らせることあらば法に準じて都市に戮せんという厳命である。そこでその人は大いに怖れ篋を捨てて逃走したが王は五人を遣わして追わしめた。五人は初め刀を抜いて迫り、後には一人が詐って親しみ近づきよろしく還り来たれと誘った。けれどもその人はこれを信ぜず、匿れようとして一聚落に入った。その聚落に人はいなかった。しかし地に坐していると空中に声がして、今夜六人の大賊来たり汝の命危うからんと告げられたので、急いでまたここを去った所今度は渡るに船なき急流の河にさしかかった。その人は全く途方に暮れてしまったのである。さりながらとまっておれば先の五人もしくは詐り親しむ一人もしくは六人の大賊のいずれかに会い、もしくはそのすべてに会って結局蛇か賊かに害されるより外なき運命であるから、よし水に没して死するとも悔いずと切羽つまった心より、ついに草をつんで筏とし競々として流れに乗り入れた。しかるに幸いなことに筏は安全に彼の岸に達することを得たのである。菩薩が涅槃経を受持するにはまさにこのように観じなければならぬ。すなわちこの譬において篋というのは身であり、四蛇というのは四大である。五人の追う者は五陰であり、詐り親しむ者は愛著の煩悩である。空聚落は六入で、六大賊は六塵であり、大河というのは煩悩である。しかしてついに彼岸に渡り得させた筏というのは六度三十七道品のことである。菩薩は身心の苦を忍受するに当たってこのような観をなすことが必要であるという。この一篋四蛇の譬も古来非常に有名な観法とせられている。

如来不定　以上の如くにして菩薩には諸漏すなわち煩悩がないから況んや如来は有漏ではないが、さりとてまた如来は無漏なりともいえぬとなし、それは如来は常に有漏なる二十五有の中に行ぜられるがためなりという。かように如来が有漏に非ず無漏に非ず従って定相なしと説く目的は、これによって一闡提もまた不定なることを喩説しもって一闡提の成仏を根拠づけんがために外ならなかった。けだし高貴徳王菩薩品にては俄然一闡提の成仏可能を認めるに至ったために、その論証においてこれだけの大演説を必要としたのである。

涅槃と大涅槃　以下徳王菩薩の問いにより涅槃と大涅槃との別が論ぜられ、二乗の得る所は涅槃にして大涅槃に非ず、ただ仏菩薩にのみ大涅槃は得らるべしとして、大涅槃の内容を色々に論じている。中において二乗の八六四二万十千劫の住処を涅槃と名づけ、無上法王の住処を大涅槃と名づけることや、大我あるを大涅槃と名づく大我とは八自在我なりということや、四楽の故に大涅槃と名づけ四浄の故に大涅槃と名づくということなどが説かれている。畢竟大涅槃は常楽我浄の四徳を具備するということに結帰する。なお中国の三論宗の学者等によりしばしば好んで引かれる抵羅婆夷という語の出典はこの中に存する。以上にて十功徳の中の初功徳をおわる。〔以上巻二十三〕

大涅槃を修する第二の功徳は昔得ざる所今これを得、昔見ざる所今これを見、昔聞かざる所今これを聞き、昔到らざる所今到るを得、昔知らざる所今これを知るにある。第三の功徳は慈を捨てて慈を得、慈を得るの時因縁に従らず。第四の功徳は根深くして傾抜し難し等の十事で、第五の功徳は諸根完具等の五事であり、第六の功徳は金剛三昧を得てその中に安住し、一切の法皆無常なりと見つつ一念の中に身を無量に変化したり一音声をもって演説しながら一切衆生に各々種類に随って解了を得さしめることができる。このようにしてこの巻には十功徳の中の第二・第三・第四・第五・第六の功徳が説かれているが、その中で注意すべき点は一闡提が成仏し得るのは仏性あるが故に本心を捨離して成仏するのであるとなし、一闡提ということをもって離脱し得べき一種の身分地位としていること、仏が八十種好を修するのは世間に八十種の神につかえる者あるがため彼等をして信伏せしめようとする趣旨に基づくとしていることと、及び浄土という問題に関連して釈迦仏が実に出現したのは西方の無勝世界であって此の土ではないと説かれていること等である。

八十種神　まず初めに八十種神の列名を紹介しておく。八十種神とは次の如くである。

[12]十二日　[24]十二大天　[29]五大星　[30]北斗　[31]馬天　[32]行道天　[33]婆羅堕跋闍天　[34]功徳天　[62]二十八宿
[63]地天　[64]風天　[65]水天　[66]火天　[67]梵天　[68]楼陀天　[69]因提天　[70]拘摩羅天　[71]八臂天　[72]摩醯首羅天
[73]半闍羅天　[74]鬼子母天　[78]四天王天　[79]造書天　[80]婆藪天

由来八十種好を説いた経論は甚だ多いが、八十種神につかえる者を信伏せしめるためといい八十種神を列挙したような経は他に存するもののあるを知らない。これは民間信仰の一端を示す興味ある資料というべきである。

無勝世界　次に浄土のことは、第四功徳の十事の中に仏土を浄めることを修すという一項があったのについて、徳王菩薩は、いま如来は何故にただ九事を修して仏土を浄めることを修せざりしやと問うた。この世界の穢悪多きことが浄土と反するに非ずやというのである。しかし仏の答えられた所によると、われは常に十事を悉く修したから仏土を浄めるということももとより欠く所ではなかった。しかるにもかかわらず今この世界が不浄なるは何ぞやというに、それは仏がこの世界にのみ在りという所にすでに誤りがある。あたかも日月はひとりこの世界にのみあって他の世界にはあらずというのと同じで、仏が実には他方の浄土に在って浄仏土の功徳を完備していることを知らぬ故の疑問である。仏は実にはこの世界に出ているのではない。西方に当たってこの娑婆世界を去ること四十二恒河沙の仏土を過ぎた所に無勝世界があり、われは実は彼の無勝世界に出現したのであって、この閻浮提中に来たって法輪を転じているのは衆生を化益せんために外ならぬ。われが実に出現した無勝世界はその土厳麗にして西方の安楽世界や東方の満月世界の如くであるから、われ浄仏土を修しなかったというべきでない。この娑婆世界を清浄ならしめることは、当来仏慈氏菩薩が成仏の暁にこれを完遂しようと誓願しているのである。されば一切諸仏の世界に一として厳浄ならざるものは存しないと。釈迦仏の本土が現に西方にあって無勝世界と名づけるということは甚だ奇異なる説と考えられるが、これは仏土の厳浄という原則を充足せしめようとしてこの世界の浄化を当来仏慈氏菩薩に譲り、釈迦仏自身の浄土は穢悪なるこの娑婆界に非ずして他方の世界に実にこれありとした打開策の結果というべきで、仏教思想の発達を見る上に、これは甚だ興味ある問題たるを覚える。〔以上巻二十四〕

涅槃　第二十五巻と第二十六巻とでは、十功徳の中の第七・八・九・十の四功徳が説かれている。第七功徳は、大涅槃のための近因は善友に親近することと、専心に聴法することと、繋念思惟することと、如法に修行することと、この四法である意を明らかにしたもので、この四法が修道の要諦であることは何人も異論のない所。故に経はこれを極めて懇切に論究しているが、如法修行の項では涅槃・仏性・如来・法・僧・実相・虚空等の相を知るのは真実でありこれを知らざるは不実なりとし、それらの一々をかなり阿毘達磨的に解明している。涅槃経が経典であると同時に阿毘達磨的法相説明の傾向を具えていることはこの徳王品以後において顕著に認められる所である。その意味で徳王品以後には余りに理論に堕して生彩に乏しい感がないではないが、涅槃について徳王菩薩と仏との間に交わされた問答は叙述の平板化を破って一波瀾を示した。すなわち仏が、涅槃というも別に住処あるに非ず諸仏の煩悩を断じたる当処を涅槃と名づくるのみと説かれたために、徳王菩薩はこれを咎めて詰問を提出した。如来はさきに初めて成道せられた時魔王が涅槃に入りたまえと請うたけれども、その時仏は、われに今未だ多聞にしてよく衆生を化し得る如き弟子なきをもって涅槃に入らずと答えて、その請いを拒絶せられた。しかるにもし今世尊の説かれる如く煩悩断滅の処が涅槃であってその外に涅槃という別の実体なしというならば、諸の菩薩は無量劫においてすでに煩悩を断じているから従って成道する時の如来は当然すでに涅槃に達しているはずであり、いまさら涅槃に入る入らぬという論のあるべき道理はない。それにもかかわらず成道後の仏についてのみ涅槃が存し、成道前の菩薩にこれなしというのは甚だ不可解ではないか。同様の理由により、仏が毗舎離国で魔の啓請を受けられた時却後三月われまさに涅槃すべしと告げられたことも、これまた煩悩を断じた当処すなわちこれ涅槃なりという説に牴触する。それでは世尊において虚妄の言ありとは信ぜられぬが、この相違する二つの涅槃観の関係はこれをいかに理解すべきものであろうか。徳王菩薩の質問はかような趣旨であった。畢竟涅槃経以前の小乗的涅槃観と涅槃経自身の提唱する大乗涅槃観との相違を指摘して、その解明を仰いだのである。これに対して仏は答えられた。いかにも如来の発言する所に虚妄はない。汝は昔魔波旬がわれに向かって入涅槃を請じたというけれども、それは魔王が真実には涅槃の相を知らず、衆生に説法せずして黙然と住するのをそれをすなわち涅槃だと誤解したために外ならぬ。従ってそのような涅槃に対する観念は魔王波旬の抱懐する所にのみ存し、決して涅槃そのものの正しい理解ということはできぬ。また仏が自ら三月の後われまさに涅槃すべしと波旬に向かって告げたのも、それは仏が自らの本心において涅槃を三月の後に得るものとして言明したのではなく、このように発言するのには別に他の目的があった。すなわち当時拘睒弥の悪比丘共がわが教えに背いて多く禁戒を犯し不浄物を受け利養を貪って在家の者に向かい自らの徳を讃歎するという状態にあって、実に甚だ度し難い程度にまで達していたために、仏はこのような悪比丘の横行することをわが声聞弟子に警戒しようとして、わが身を見ずわが法を聞かざることをもってこれ如来が涅槃に入れるなりと説いたのであった。換言すれば三月の後に涅槃に入ると説いた所の涅槃観は別の意趣をもって声聞弟子を教えるために仮説したものにとどまり、決して仏が涅槃の真実義をもって説いたのではないのである。それゆえ菩薩は常にわが身を見わが法を聞き得るのであって、仏が涅槃に入れりなどとは考えぬ。ただ声聞弟子のみ如来は涅槃したもうと言うが、われは実にはさような涅槃に入るものではない。涅槃の五行の説にあてはめていえば、嬰児の如き声聞を導くために如来が嬰児行を示現したのに外ならぬと。かく論じ来れば声聞等の理解する小乗の涅槃と菩薩の理解する大乗の大涅槃との真偽分別は最早明了と思うが、なおさらに分別するならば、小乗の涅槃は仏性を見ずして煩悩を断じたもので、それ故楽なり浄なりとはいえても常なり我なりとはいうことができぬ。これに反して大乗の大涅槃は仏性を見ることによって煩悩を断じたのであるから、それは常楽我浄の四徳を完備するものである。このように大般涅槃の意味を小乗の涅槃と対照的に究明した後、涅槃の字義について不織・不覆・不去・不来・不取・不定・無新故・無障礙等の意ありとし、優楼佉や迦毘羅の弟子すなわち勝論や数論の徒輩は涅槃をもって無相・無有・無和合・無苦などと解するが、涅槃は断煩悩でなくむしろ不生煩悩と解する方が正しいと説く。こうしてこの第七功徳の中に明らかにされた涅槃論は甚だ重要な意義を有しているのである。

心の本性　次に大涅槃経を修する第八の功徳というのは、五事を除断し五事を遠離し六事を成就し五事を修集し一事を守護し四事に親近し一実に信順して心善解脱慧善解脱するにありという、やはり頗る阿毘達磨的な口吻をもって叙べられている。しかし徳王菩薩が心善解脱ということは心の本性が貪瞋癡の煩悩に繫縛されずということと矛盾すると詰問したことから、今度は心の本性というものが問題となることになった。これに関する仏の解答は極めて明快であった。すなわち外道は因中有果説を唱え凡夫は因中無果説をとるが、諸仏は中道を顕示して縁生の故に有となし無自性の故に無となし決定の説を立てぬ。故に心についても一方的に心性は本浄なりとも説かねば性もと不浄なりとも説かぬのであって、心が貪欲を生ずるのも心が解脱するのもすべては因縁により、心が本質的に浄にも不浄にも非ざるによるという。なおこの中にも声聞弟子がもっぱら世俗在家の事を営むのを責めて、教団の堕落状態を指弾している文がある。

闡提発心　次に第九の功徳は、信心と直心と戒と親近善友と多聞との五事を成就するなりという。これらは第七功徳の四法などと比較する時重複することは一見明瞭であり、徳王品の十功徳が必ずしも最初から計画的な整然たる組織をもって叙説せられたものではないことが知られる。十功徳の間には相互的関係秩序は認められず、ただ十段に論述した雑多な論文の集積というも過言でないようである。さてこの第九功徳の項下で最も大きな問題は、一闡提思想の展開と、性空と修空の関係究明とであった。この二つの問題が共に徳王菩薩の辛辣な質問追究によってくりひろげられ、徳王菩薩はしばしば鋭い鋒端を向けて肉迫しているのである。まず一闡提の方から叙べよう。第二の直心を説くに当たって仏は、菩薩が仏性を讃歎し衆生をして発菩提心せしめることを説かれた。これが徳王菩薩により論端として取り上げられたのである。如来は涅槃経の初めの方において三種の病人ありと説かれた。すなわち現病品の中で、病人には医薬及び看病者さえあれば病癒え、もしこれなくば癒えざる者と、それらの有無にかかわらず必ず癒えざる者と、及びそれらの有無にかかわらず必ず癒える者とこの三種の人があり得るが、あたかもこの三人の如く、二乗の者は仏菩薩に遇って妙法を聞けば発菩提心し、一闡提はたとい妙法を聞くとも発心せず、菩薩は妙法を聞かざるも発心すると説かれているのである。しかるに仏の今の所説の如くであれば、何人も仏性あって発菩提心するが故に仏性を讃歎して発心せしめるのだといわれた。この前後両説は両立し得ないではないか。何となればもし前に説かれた如く菩薩は仏菩薩に遇うも遇わざるもよく発心し得るとすれば、こうした者にとって仏性を讃歎することはその必要が全くない。すなわち後の説は成り立たぬ。のみならず後の説に従って一闡提にも仏性ありとすれば、仏性あるが故に法を聞くも聞かざるも共に成仏し得られる道理であって、これは前に一闡提は妙法に遇うも遇わざるも必ず発菩提心し得ずと説かれたことと矛盾を来たすこととなる。すなわち前には闡提不成仏を断言せられたのに対し、今は闡提成仏の可能を認めておられることになるが、この矛盾をいかに解決すべきであるか。前には一闡提を断善根なりといわれた。しかるに一闡提は仏性を本具し仏性は断じ得られるものでないということがいま明白にせられたのである。これも前の断善根という説と今の不断仏性という説の間に両立し難い困難を感ぜしめる。これらの困難矛盾はそもそもいかに理解すべきものであろうか。これが徳王菩薩の放った質問の要旨である。しかるに仏の答えはこうであった。一闡提は善法を断ずるが故に、諸仏菩薩に遇うも遇わざるも倶に一闡提の心を離れることはできぬ。しかし同時にまた一闡提は成仏することもできるのであって、それは一闡提が発菩提心すればもはや一闡提とは名づけぬからである。一闡提が一闡提の心を離れることは不可能故に成仏し得ぬということと、一闡提が発菩提心して成仏し得るということとは、両者まさしく正反対の立言で絶対に相容れぬ如く思われるが、しかしこれは必ずしも両立し得ぬ矛盾の二命題ではない。何となれば、それは、一闡提は一闡提のままでは断じて成仏の道はないが、発菩提心して一闡提である地位を離脱すればそれが成仏することは最早不可能ではないという意味なるが故である。一闡提は信・進・念・定・慧の五根が具足せずという意であり、また無常の善が具足せずという意である。しかるに仏性は五根でもなければ無常善でもない。仏性は善でも不善でもなく常住なるものであるから、一闡提といえどもこれを断ずることはできぬ。一闡提を断善根と名づけるのは生得の善を断じた点で断善根と称するのみで、もとより仏性を断じたという意味でかく名づけるのではない。故に要約していえば、一闡提に仏性がないのではなく、自ら仏性があることを信ぜざる者それを一闡提と名づけるのである。それでは仏性なるものは先天的に本具するをもってこれある限り何人も自然に成仏するかといえば、そうはいえぬ。仏性もとよりありといえどもこれを成仏にまで到らしめるには衆縁を待たねばならぬ。換言すれば発心修道が必要なのである。菩薩が仏性を讃歎する所以はここにおいて始めて理解されるであろう。

性空修空　次に性空と修空との関係というのは、仏が、菩薩は空三昧を修すと説かれたことより、徳王菩薩が、諸法は本来空なのか空ならしめることによって空なのか、もし本来自然に空であるならば空を修してその後に空を見るということはできぬはずであり、またもし本来自然に空でないものならばいかに空を修しても空ならざるものを空ならしめることはできぬではないか。空は性としてあるものか修によって得られるものかその間の理義が明らかでないと質問したことに基づく。しかるに仏によれば諸法は本来空なのである。諸法の本性は不可得なるが故に本来自ら空なのである。しかし本来自ら空ではあるが、本来空なることを知り得るのは空を修行するによって達せられる所であって、修空によらずして何人にも自然に覚られるものではない。譬えば塩はそれ自身本来鹹いものであるから、それ故によく他のものを鹹からしめることができるが、今の修空もちょうどこの塩のようなもので、空を修するによって始めて諸法の本性空寂なるを知ることができるのである。但しこの鹹の譬喩を正当に理解しないために、塩が鹹くないものを鹹くする如く修空もちょうど塩のはたらきの如しというから、それでは修空は空ならざるものを空と見せしめて結局顛倒の見を生ぜしめるではないかとの非難が起こるかも知れぬが、しかし空三昧により空ならざるものを空ならしめてもそれは顛倒ではない。何となれば一切の諸法は本来それ自身空であるのに、人はこれを誤って有なりと執著している。従ってその執著自体は空ではないが、この執著を空三昧によって空ならしめるのであるから、こうして見られる空はこれを顛倒というべきものであろうか。否、それはかえって諸法の本性空に合致するのであるから、これを顛倒ということはできない。夜を昼となし昼を夜となしたならばそれは顛倒であるが、昼を昼とし夜を夜としたならばどうしてこれを顛倒ということができよう。空三昧を修して空を見るのもそれは諸法の本性空なるに合致するが故に、これを顛倒と称し得ざること勿論である。また徳王菩薩の質問によれば、空を見るというについて空はこれ無法であるから何も所見がないではないかというが、まさにその通りである。確かに所見がないのであって、もし所見があればかえってそれは諸法の性もと空なるに背馳するものといわねばならぬ。このように空を見て所見なきことこそ、真の般若波羅蜜であり、また大涅槃を修することであり、同時にまた仏性を見ることである。この意味において如来も空であり、大涅槃も空であり、般若波羅蜜も空である。かように一切法皆悉く空と見てこそ、真の空三昧ということができるのである。

非仏説　最後の第十功徳は、自ら大涅槃に入った菩薩が衆生のために大涅槃経を説いて仏性を顕示し、それを信ずる者をして大涅槃に入らしめることであるといわれる。悪比丘は涅槃経の流布する時この経を受持する者にあらゆる迫害を加えて、涅槃経は仏説ではない、涅槃経には常楽我浄・種々物受蓄の禁制・断肉・一乗・仏不入涅槃等の義を説いているから、このようなものは魔の説であって仏説ではないと誹謗するであろう。しかしそれにもかかわらず涅槃経の乃至半句をも信じて疑わない者はこれ真の我が仏弟子であって、かかる人はその信力によって仏性を見、涅槃に入ることができるであろう。涅槃経を修する十功徳の中の第十功徳はまさにこのようなものであるという。〔以上巻二十五、二十六、以上徳王品〕

第五集　師子吼説の巻

師子吼菩薩品

催問　師子吼菩薩品は第二十七巻の初めより第三十三巻の半ばにわたる六巻半の長い内容をもつ。品名は前の徳王菩薩品や次の迦葉菩薩品と同様、仏の説法に質問者となった菩薩の名によったもので所説の法に従ってつけた名ではない。しかも師子吼菩薩の名はこれまた前の光明遍照高貴徳王菩薩と同様以前の諸品中にはかつて一度も現れず、この品に来たって突然出て来るのであるから、この師子吼品が前の諸品とは形式上何等脈絡なく、全くこれだけで独立した一集積の作品たることが推察し得られる。特にこの品の初めが、汝等疑いあらば問うべし、われ分別して答えんといい、仏が質疑を催促せられる形になっているのは、本経第三巻で仏の催問に応じて迦葉菩薩を登場せしめた例にならい、いままた仏の催問に応じて師子吼菩薩を登場せしめようとするものであって、この点からも師子吼品が涅槃経中の一品たるべく先例にならって追加加上されたものであることが窺われよう。

さて汝等疑いあらば問うべしとの催問を蒙って師子吼菩薩が立ったが、この品の初めにはその菩薩が師子吼と名づけられる所以を師子王の十一事に譬えて説明し、師子吼とは結局何ものをも怖れるところなく決定の説をなすという点から師子吼と称されるのだといい、仏が師子吼菩薩の徳を讃えて智慧荘厳と福徳荘厳を具えていると述べられた。この序論においてすでに二種荘厳に関し問題が起こされているから、従ってこの品の内容は相当複雑な新展開あるべきを予想せしめるが、大体からいえば仏性論をますます深め、これが修道の上にいかなる意義があるかを究明しようとしたものということができよう。すなわちまず仏性を空、中道、十二因縁、心、八正道、因、相等という観点より論述し、後に至っては業と修道との関係に移し、仏教哲学上の中心問題にまで突き進んでいるのである。

仏性とは何か　師子吼菩薩はまず初めに、仏性とは何か、仏性とはいかなる意味か、仏性は何故に常楽我浄であるか、何人にも仏性ありとすれば何故にそれがあらゆる人に知られないのであるか、仏性は仏にのみ明瞭に知られそれ以外の者にはたとい十住の菩薩といえども明瞭には知り得ないというがそれは何故であるかと、凡そこのように仏性の問題を色々の方面から質問した。これに対して仏は、仏性とは第一義空であり、中道であり、十二因縁を観照する智慧であり、さらに進んでいえば十二因縁そのものであると説かれた。第一義空というのは不空に対する空というような対立的なものではない。それは空・不空を兼備したもので一切の生死は空であるが大涅槃は不空であるから、その意味でその両者をあわせ見る第一義空の仏性はまた空・不空の中道ということができる。中道であるから断常の二見に堕することもない。素朴な実在論や虚無論に陥らないで、諸法は一切十二因縁によって起こると見る。故にこの点からは十二因縁を観照するその観智が仏性というべきで、まことに仏は十二因縁を観ずるによって成道せられたのであるから、十二因縁を観ずる智慧が仏智の種子であり仏性と名づくべきであること疑いを容れぬ。しかし翻って考えれば、そもそも十二因縁を観ずる智というものは十二因縁そのものがすでに存在していたことによって可能となるのであるが故に、十二因縁を観ずる智が仏性であるということは、根源的には十二因縁そのものが仏性なりということに帰着しよう。故に因・因因・果・果果という四法に配するとすれば、仏性の直接的な因は十二因縁であり間接的な因因は智慧であって、仏性の直接的な果は阿耨多羅三藐三菩提であり間接的な果果は無上の大般涅槃であるということができる。しかしてこの十二因縁を観ずることはひとり仏にのみ限らず二乗も菩薩もみなこれを観ずるが、その観智に下・中・上・上上の四階あるために声聞・縁覚・菩薩・仏の差別が生ずるのである。従って一切衆生悉有仏性とはいかなる意味かといえば、別に何か仏性と称する実体的なものを何人もみな身中に保有するというような意味では勿論ない。要するにそれは何人も必ず皆仏と成り得るという意味に外ならぬ。すなわち現在は未だ仏ではないが、将来にはきっと仏となることが可能であるという点で悉有仏性といったのに過ぎぬから、仏性というのはつまり仏になる可能性という意味を出ない。本有今無偈にもある通り、三世にわたって有なることなく本（もと）あったものが今なく本なかったものが今あるというのが実相であるから、現在に仏智がなくても将来に仏智を得、現在に煩悩があっても将来にこれを断じてなくすることは不可能ではない。常に仏が、一切衆生悉く仏性あり乃至一闡提等も仏性ありと宣説する所以は全くここにある。一切衆生悉有仏性ということがこのように誰でも悉く必ず仏と成り得るものだという意であるとすれば、また凡そ心ある者は必ず皆仏と成り得るということもできる。すなわち涅槃経中での一つの有名な文句となっている所の、凡そ有心の者定んで当に阿耨多羅三藐三菩提を成じ得べしという語はここに由来するのである。

それから経は仏性の論を進めて一乗を仏性と名づくといい、また仏性はすなわち首楞厳三昧なりとも説き、十住菩薩の仏性を見ること明了ならざる所以、三世両重の十二因縁説、如来の大涅槃経に仏性を説くをもって雪山の忍辱草を食した牛が醍醐を出すに喩えた譬喩等を論述することがあって第二十七巻をおわる。〔以上巻二十七〕

涅槃無因　師子吼菩薩の問いに答えて持戒について種々分別し、戒には声聞戒と菩薩戒の別があるが禁戒を受持することは仏性を見るがためであると説かれた。すると師子吼菩薩はすかさず詰問した。もし持戒によって涅槃が得られるというならば、涅槃は本（もと）なかったものが因によって生ずるというのであるから無常といわねばならぬ。無常なる涅槃がいかにして我楽浄の徳を具備し得ようかと。この鋭い問いを受けた仏は師子吼菩薩を褒めて、昔波羅奈城に善徳仏が出現せられた時我と汝と倶に彼の会に在って涅槃経を聞いたが、その時このことを予がかの仏に諮問したけれども如来は答えられなかったのでそれを記憶しておって汝は今我にそれを問うたのであるといい、次いでその解答を与えられた。それによると涅槃はそれ自身果ではあるがその因というものはない。般涅槃の般涅とは無ということで、槃とは因ということである。因あることなきをもって涅槃と称せられるのであり、無という中には六種の義があるが、涅槃について因なしというのはその中の畢竟して因なしという意味の無であり、相対的な有無をいうのではない。

仏性正因　このように涅槃が無因にして体果なるのと対照されるのは仏性であって、仏性は因であって果ではない。凡そ因という意味には物を生ずる所の生因と灯によって物を照らす如くもとよりあるものを照らしだす了因との二種を区別し得るが、仏性が因なりというのは仏性は了因なりという意味である。また因に正因と縁因との別があるが、衆生は仏性の正因であって、六波羅蜜は仏性の縁因である。但し衆生が仏性の正因であるといっても、衆生の中に仏性があって衆生から仏性が生ずると解してはならぬ。一切諸法はもと性なく皆因縁によって生滅するからである。故に衆生に仏性ありというのは、衆生の中に現に仏性と称するものがあるという意ではなく、未来に仏性を見ることができるという意味でかく称するのであるから、実は単純に仏性ありとも仏性なしともいうことはできぬのである。それゆえここに縁生無性説と悉有仏性説との関係についての結論をいえば、仏性をもって心のことだとか菩提心のことだなどと解するのは誤りであり、また仏性は決定して有なるものと解するのも正しくない。仏性を見て成仏し得るのは諸の功徳の因縁和合によるものであって、成仏するのは仏性を正因とし発菩提心を縁因としこの二因縁の具わるによって可能となるのである。かように考えて来れば、仏性と菩提心とが同一に非ざること明らかとなるが、それでは仏性がありながら菩提心を退する者のあるのは何によるか。ここに不退ということが問題となって来る。〔以上巻二十八〕

そこで不退すなわち阿毘跋致を得るのには三十二相業の因縁を修するとして如来の三十二相を得る業因縁をあげ、次いで繋縛と解脱の関係が論ぜられ、また真の戒定慧を修すれば大涅槃に親近するというのでそれが次第に解説された。それより再び仏性の問題に帰って、師子吼菩薩は衆生の仏性は万人に共有のものか各人各別のものかを問うた。共有なれば一人が成仏する時他の一切も成仏すべく、各別なれば数え得るものである故に常住ということはできぬというのである。しかるに仏に従えば、衆生と仏性との関係は不一不二である。あたかも虚空の如く仏性は万人に共通して存するけれども、しかも明らかにこれを見ることのできるのは八聖道を修した者に限る。故にこの意味よりすれば八聖道をもって仏性の因というべきであるが、その場合といえども八聖道が仏性の了因たるものであって生因とはならぬことはいうまでもない。ここに衆生の仏性は五道にありといえども不変という意を譬えた有名な置毒乳中五味皆殺人の譬喩が説かれている。その意は毒を乳中に投ずればその後乳が酪となり生蘇となり乃至醍醐となっても毒の力は失われぬが故に、五味の中でいずれを服してもみな殺人の力がある如く、衆生が五道に輪廻するとも仏性はそれによって変化を蒙るものでないというのである。天台大師は化儀四教の中にこの毒発不定の譬喩を引きこれを不定教の証としたのであった。

拘尸那城涅槃　次いで問題は一転し、師子吼菩薩が十六大国に六大城あるにかかわらず如来は何故に隘小なる拘尸那城を選んで般涅槃したもうかと問い、仏がこれに答えて拘尸那城にて涅槃に入ることの偶然に非ざる諸々の因縁譚を説かれることとなった。以下第三十巻にわたって、仏成道後三迦葉の帰伏、舎利弗・目連の二大弟子入信、須達多の祇洹精舎奉献、仏の昇天為母説法、菴羅女の入信、五百梨車子の供養、宝称長者子の帰仏、瞻波における樹提長者の因縁等を最も興味深く叙述しつつ、六師外道が仏の威徳に圧せられて六大城に居るを得ず、ついに拘尸那城に来て仏と論議するが結局みな仏法中に信心を発して出家することが説かれている。六師の論議内容も甚だ注意をひくものがあるけれども、今はそれを一々ここに紹介する余裕をもたぬから略する。

次いで娑羅双樹の間を選ぶ所以、二月涅槃の意義、出家と成道が八日であるのに涅槃のみ十五日である理由などが解釈せられ、最後に師子吼菩薩が娑羅林に常住したまわんことを請ずるけれども、因縁あれば住し因縁なくんば住なし、如来は不住なること虚空の如しとしりぞけられる。そして如来は今この拘尸那城にて大三昧深禅定の窟に入るのだが、衆生は見ざるが故に大涅槃と思惟するにすぎぬと説かれた。その仏が今この娑羅双樹にて入られる定を、経は大寂定と称していることや、声聞諸大弟子の徳をあげる中に阿難について瀉水これを異器におく如しという譬が説かれていることや、さらにまたこの巻の末において闡提不成仏及び女身不成仏の意などがごく断片的ながら存することも、この品の性質を考察する場合に注意されるべき事柄だと思う。〔以上巻二十九、巻三十〕

師子吼品中第三十一巻以後は前巻末と密接な連絡はない。ここからまた新しく問題が出発しており、この品の成立過程の複雑さを思わしめるものがある。しかしこれ以後の内容は大体上業と修道の関係及び修道と仏性の関係が主題となっているから、仏性の究明に専らつとめてきた後をうけて今度はそれを実践修道の実際問題と関連せしめて考察する段階に入ってきたと見られ、どこまでも思索に思索を重ねて仏教修行の本質に徹底的解決を得なければやまぬその粘り強さは、全く驚歎するの外ない。仏教の教義を与えられたものとして無批判に盲信することなく、自分の問題として自ら真剣に開拓してゆく。そこにわれわれは大乗仏教の生きた姿を感知せしめられるのである。

無相定　前巻において大涅槃が仏の大三昧深禅定であるということは示されたが、それがいかなる三昧いかなる禅定であるかは未だ確然たる指示がなかった。故にこの巻の初めでは、大涅槃は無相定なり十相なきが故に無相と名づくと説き、その十相を断ずるには定相・慧相・捨相の三種の相を修習すべきことが明かされた。定相・慧相・捨相とは奢摩他と毗婆舎那と憂畢叉のことで、語をかえていえば心身を寂静ならしめる止と正知正見に徹する観とを修行し、しかも止と観との一方に偏せずこれを平等に双修することが要求されるのである。定慧双修、止観両全が力説され、なかんずく煩悩を破するは奢摩他すなわち定の力により修定によらずしては正知正見を得る能わずと説いているが、これは摩訶止観の提唱によって中国の仏教哲学史上に不朽の金字塔を築いた天台大師智顗に対して、必ずや活指針を与えたのに相違ない。師子吼品では次いでまた無相涅槃すなわち大涅槃にいたる修行の要件として、信心具足、浄戒具足、親近善知識、楽於寂静、精進、念具足、輭語、護法、供給同学、具足智慧の十法をあげた。私はこの十法もまた或いは天台大師が説いた摩訶止観における二十五方便という考え方に有力な示唆を与えたのではないかと思う。二十五方便の中の第一具五縁が衣食具足、持戒清浄、閑居静処、息諸縁務、得善知識となっている所を見ると、これは彼の十法を参酌し実際に即して組織化したものとの感が深い。

業と修行　次いで師子吼菩薩は問うた。仏はさきに純陀に対し、汝は今すでに仏性を見るを得たり、大涅槃を得て阿耨多羅三藐三菩提を成ぜんといい成仏の授記を与えられたが、しかるにまた経に従えば、如来に布施すれば得る所の福報無量なりということであるから、仏に最後の供養を奉献した純陀がその報無尽であることも疑いない。それでは報の尽きることのない純陀はいつになったら阿耨多羅三藐三菩提を得ることができようか。畢竟受報無尽ということと成仏ということとは相互に矛盾し両立し得ずと考えられるが如何と。ここに業報という問題が新しい課題として提出されることになったのである。仏のこれに対する答えは次の如くであった。曰く、受報無尽と説いたのは業縁を信じない者のためにかくいったのに過ぎず、事実においては一切の業が悉く定んで果を得るとは限らぬ。凡そ業には報の決定する定業と報の決定せぬ不定業とがあって、定業の中でも報とそれを受ける時とが共に定まっているものと報は定まっていてもそれを受ける時が不定なものとがある。故に重業の報を軽くし、軽業の報を重くするということもあり得ることであり、一切の業はみな決定不変のものということができぬ。さればこそ修道ということが可能となるのであって、もし業がすべて決定的のものなれば修道は無意義となろう。業の中でも不定業には果報がないから、聖人は定業を壊して軽報を得るがために修行するのである。

それではいかにして重い業報を軽くさせることができるかということが当面の問題になるが、それには身・戒・心・慧を修習するに如くはない。五情の諸根を摂し、七種の浄戒を受持し、心を調え、聖行を修するのである。智者は身・戒・心・慧を修習して重業を軽くさせ、愚者は身・戒・心・慧を修せずして小悪業でも大悪報を受けることになる。

仏性と修行　そこでこのように一切の業がみな果を得るに非ず、且つ一切の衆生が悉く皆仏性を有するとするならば、その仏性の力をもって何人でもすべて皆いつかは成仏し得られるはずであり、必ずしも修道を必須要件とせぬではないかとの疑問があるけれども、仏性を有しながらみな平等に涅槃を得ることができぬのは煩悩によるものであって、たとい仏性があっても修道して煩悩を断じなければ仏性の本具を知ることはできぬのであるから、そこに自ら修道の有無浅深によって聖凡の差を生ずる。一闡提と鈍根退転と利根無退転と四沙門果と辟支仏と菩薩と如来とこうした差別は要するに煩悩断尽の段階に外ならぬのである。前記七種の段階を譬えるのに恒河を渡る七人の譬を説き、河に入って沈む者、出でてまた没する者、出でて後没せざる者、出でて後四方を観る者、四方を観て後進む者、進んで浅き処に達する者、ついに彼の岸に達して目的を達する者の七人をあげているが、この恒河七人の話は後の迦葉品にも再び出てきて、涅槃経中の有名な譬となっている。

上述のようにして仏性ありといえども修道の必須不可欠なる所以は明らかになったはずであるが、仏性をもって何か本質上特別なものとして実在するように考えるのは誤りであって、これは前にもしばしば説いたように決して所在の指定し得られるものではない。故に仏性が何人にもあるということは、実は何人も将来仏となり得る必ず仏の性を得るという意味に外ならぬが、愚人は種々に推度しその一斑をもって全体を推そうとする。世人に周知されている衆盲摸象の譬は無明の衆生が涅槃経所説の仏性について種々の異見を唱えるのを譬えたものである。

大信心　次いで仏性を大慈大悲これなりといい、大喜大捨これなりといい、さらにまた大信心、一子地、第四地、十二因縁、四無礙智、頂三昧等とも名づけているが、これらが仏性なりというのは要するに何人も仏となってそれらの法を当に得べきものという意に外ならぬ。親鸞聖人は教行信証の信巻において三心中の信楽を釈するに当たり涅槃経師子吼品のこの所の文を引用せられたが、さらに浄土和讃の中でも「平等心をうるときを一子地となづけたり、一子地は仏性なり安養にいたりてさとるべし、如来すなわち涅槃なり涅槃を仏性となづけたり、凡地にしてはさとられず安養にいたりて証すべし、信心よろこぶその人を如来とひとしとときたまふ、大信心は仏性なり仏性すなわち如来なり」と説いておられる。涅槃経の仏性説は如来の大悲に参徹した聖人にとって信心仏性のこよなき鏡として映じたのであった。

少しく奇異に思われるのは、涅槃経を信ずることの不可思議なるを説かれた際に、師子吼菩薩がこの大衆中にこの経を信ぜざるもの八万五千億人ありといったことである。このように莫大な人々が涅槃経を聞きながらなお且つ信心を生ぜずというのは甚だ誇張した表現で、すでにそれほどの人が会座にいたということすらまことに奇怪であるけれども、これは例によって信心を得ることの容易ならざるを力強く表現するための一手段に過ぎなかったと解すべきであろう。但しそれが表現の手段に外ならぬにもせよ、そのまま放置しては悉有仏性を標榜する涅槃経としては適当でない。それで経はこの点に留意し続いてまた、このような諸人も未来世においてまたまさに定んでこの経典を信じ、仏教を見て阿耨多羅三藐三菩提を得べしと説いた。経典文学における表現の技術的方面と内容の思想的方面とが、互に相接触している交叉点の一例として興味をひく。

不退　業及び修道の問題に関係して仏性に説き及んだが、再び修道に立ち帰って今度はまた不退ということが論ぜられることになった。不退心ありということを自ら知り得るか如何との問いに答えて、まさに苦行をもって自らの心を試みるべく、その苦行をなす時に当たってかかる苦行はすべて無益なるをさとるであろうが、しかし無益なることにおいてすら心よく堪え忍んで不退不転ということであれば利益あることにおいては一層精進することが確かであるから、そこで始めて必ず成仏を得べきことが知られるという。これはいかにも迂遠な戯論のように感ぜられぬでもないが、法のためには不惜身命たるべしとして、身を剜って灯とし氎を皮肉に纏って酥油を灌ぎ焼いて以て炷となせ、しかも以て自ら苦となさざるほどの勇猛心あるべしと説くのより見れば、苦行もそれ自体は無意義なるにもせよいかなる苦行にも堪え忍ぶ不屈の精神こそは仏道修行の絶対要件たることを示唆したものとして味わうべきであろう。かくしてこそ菩薩はまことに不可思議というべきである。なお大海に八不思議ある如く大涅槃経もまた八種の不可思議を具すと説いて第三十二巻をおわる。〔以上巻三十一、巻三十二〕

一切衆生には卵生のもの・胎生のもの・湿生のもの・化生のものと四種類あるが、その中如来が化生せられざる理由と、仏の正法には内護と外護の二種のあるのを説いた後、師子吼菩薩が仏を偈讃して師子吼品をおわる。〔以上師子吼品〕

第六集　迦葉説の巻

迦葉菩薩品

迦葉菩薩　迦葉菩薩はまた再び突然仏に問いを提し、説法の相手となって登場した。前には光明遍照高貴徳王菩薩や師子吼菩薩を登場せしめたものの、やはり仏の遺教を伝持した摩訶迦葉の菩薩化なる迦葉菩薩の存在ほど、涅槃経にとって親しみ深いものはない。故に嬰児行品以来ずっと姿を見せなかった迦葉菩薩がまたまた重要な諸問題を提げて現れることとなったのである。各集ごとに経家が所説内容にふさわしい人物を選んでいる所、またそれぞれに苦心のあとがうかがわれる。

さてこの迦葉菩薩品も五巻半の長い一品であるからその説く所は甚だ広汎にわたるけれども、終始中心題目となっているのはやはり仏性である。すなわち一闡提と仏性、無明煩悩と仏性との関係、仏性の非有非無、悉有仏性説の仏説上における地位、十住菩薩少見仏性の意義、悉有仏性なるにかかわらず下一闡提より上諸仏に至るまで差別ある理由、仏性の本質内容等が次々に論ぜられている。これら諸問題はすべてこの品に来て初めて提起せられたのではない。多くはすでに以前の諸品でしばしばくり返された所であるが、それを反覆してどこまでも追究してゆく。しかもその中に仏滅後の二十一諍論のような一般教学史上の重要資料をも包蔵しているのである。

善星比丘　以下順を追って概要を見てゆくと、まず迦葉菩薩が、善星比丘（Sunakṣatra）はこれ仏が菩薩たりし時の子で出家の後には欲界の煩悩を壊して四禅を得ているのに、如来は何をもって善星はこれ一闡提廝下の人なり地獄劫住不可治の人なりと説かれたか、もし如来にして善星比丘をすら救うことができなければ云何ぞ大慈悲大方便ありということができようかと問うた。仏はこの問いをきっかけとして善星の非行の数々を列挙せられたが、仏は善星において憐愍殊に厚く、従って毛髪ばかりの善根もない善星なるにかかわらずその眷属は彼を阿羅漢と思いこんでいるためかかる邪心を破ろうとして善星は放逸によって地獄に堕したと説いたまでであり、決して仏は善星の非違を拱手傍観していたのではない。もし善星を出家せしめなかったならば、彼は王位をついでその自在なる力を恣にしもって仏法を破滅したことであろう。しかし彼は出家したために善根は断じたけれども持戒修禅の善因を植え、修道を重ねて将来は成仏することができる。われはその時を予見して出家せしめたのである。凡そ衆生の仏性は現在は無しといえども、それは現在及び過去の善を断じたものについていい得るのみで、何人も未来の善を断ずることは不可能であるから、現在なき故に未来もなしということはできぬ。衆生の根性は不定であって、善根を断じた者もその後において再び善根を生ずるということが不可能ではないと。

二十一諍論 次いで迦葉菩薩は、如来があらゆる衆生の根の利鈍を知悉せられるという所から、未来の衆生が仏の滅後において次のような諍論をなすであろうが知根力を成就せられるはずの如来は何故に前もって今日決定の説をせられぬかと問うた。すなわち二十一の諍論がこれであって、列挙すれば次のようなものである。

㈠ 如来は畢竟して涅槃に入りたまう―畢竟しては涅槃に入りたまわず
㈡ 我あり―我なし
㈢ 中陰あり―中陰なし
㈣ 退あり―退なし
㈤ 如来身はこれ有為―如来身はこれ無為
㈥ 十二因縁はこれ有為法―因縁はこれ無為法
㈦ 心はこれ有常―心はこれ無常
㈧ 五欲の楽を受ければ能く聖道を障う―遮せず

(九) 世第一法は唯これ欲界――三界
(十) 布施は唯これ意業――即ちこれ五陰
(十一) 三無為あり――三無為なし
(十二) 造色あり――造色なし
(十三) 無作色あり――無作色なし
(十四) 心数法あり――心数法なし
(十五) 五種有あり――六種有あり
(十六) 八戒斎法と優婆塞戒とは具足して受得す――具には受得せず
(十七) 比丘四重を犯し已るも比丘戒在り――在らず
(十八) 須陀洹の人・斯陀含の人・阿那含の人・阿羅漢の人皆仏道を得――得ず
(十九) 仏性は衆生に即して有り――仏性は衆生に離れて有り
(二十) 四重禁を犯したると五逆罪を作したると一闡提とのごとき皆仏性あり――なし
(二十一) 十方仏あり――十方仏なし

これを梵行品所説の法滅時十四諍論に比べると、彼此共通するものもあるがこの方が多方面にわたっており且つ議論の内容も相当進歩していることが認められる。この二十一諍論は結局迦葉菩薩品の成立時代における教界の論議を一括したものであり、前の十四諍論は梵行品成立当時の論議をまとめたものに相違ないから、その間不同のあるのは怪しむに足らぬが、先には異論の競起を法滅の兆とするのみであったのに反し今はこれの批判を求めている。それ故にこれに対する仏の答えは自ら是非の制定を下すべきはずであったが、仏はこれについて、われ有智の者には二説をなさず無智の者に不定説をなすのみと説かれた。その意は知根力ある仏は無智の者を誘導しようとしそれに応じて種々の説をなすから、知根力の故にかえって決定説をなさず不定の説をなすというのである。国土と時節と他語と度人と衆根とを顧慮して一法中において二種の説をなし、一名の法において無量の名を説き、一義の中に無量の名を説き、無量の義において無量の名を説くと説かれているが、如来の知根力に託して涅槃経が論理の大きな体系を展開していることは驚くべきものがある。

善見太子 仏が三月を過ぎて後われ涅槃すべしと告げられたのも、如来が知根力をもって諸の衆生を調伏化益しようとした為であったとなし、その所化の衆生として香山中の僊人・拘尸那竭の力士・純陀・五通僊須跋陀・善見太子等をあげたが、その中の善見太子というのは王舎城における悲劇の主人公となった阿闍世王のことである。前に梵行品の末では阿闍世王の入信帰仏の経緯が絶妙の筆致構想をもって叙述せられていたのに対し、ここでは提婆達多と交わってその使嗾により父王殺害の逆罪を犯した次第が説かれている。すなわち善見太子がその父頻婆娑羅王を害そうと望んでいた時、提婆達多は仏に怨みを懐いていた。そこで求めて太子に接近しその敬信を得ることにつとめた提婆達多は、太子に請われて三十三天に至ったが望む曼陀羅華は得ることができず、今度は如来の所へ来て大衆を領せんことを乞うた。しかし仏は言下にこれをしりぞけ、舎利弗等の聴明大智にして世に信伏せられている者にすらなお大衆を付嘱しないのに、まして汝の如き癡人食唾者に何をもって託し得ようと罵られた。重ねての失敗に憤懣やる方なき提婆達多は、この怨み何ぞ報いずしてやまんと深く誓う所あり、ここにいよいよ仏教の外護者たる頻婆娑羅王殺害の謀略をめぐらすことになる。すなわち愁いに満ちた姿をして善見太子の宮に入り、巧みにとり入って次のように吹きこんだ。曰く、国人は太子を呼んで未生怨という。その所以は、太子の未だ生ぜざりし時一切の相師が悉く口を揃えて、この児生じおわらば将来その父を殺すべしと予言したためである。されば世間では太子を未生怨と罵辱しているけれども、宮中では太子の心を護るために特に善見太子と呼ぶことになっているのである。母后韋提夫人は相師の予言を聞いて大いにおそれ、太子を生むに当たって高楼の上より地へ棄てられた。その時太子の一指が折れたので、爾来人はまた太子のことを婆羅留枝すなわち折指とも呼んでいる。われはこのことを聞いて愁憤を生じつつも今までこれを太子に向かって説くに忍びなかったという。そこで善見太子は直ちに雨行という大臣を呼び、未生怨こうして遂に善見太子は父王幽閉の挙を決行するに至り、父王の所へ通ずる母の韋提夫人までの由来を質したが、その答えはやはり提婆達多が前に説いた所と異ならなかった。こうしてついに善見太子は父王幽閉の挙を決行するに至り、父王の所へ通ずる母の韋提夫人まで抜刀して斫ろうとしたのである。時に耆婆が来て切に阻止したから生母に加害することは見合わせたが、衣食を断たれた頻婆娑羅王は七日の後についに絶命するに至った。善見太子は父の喪を見てはじめて後悔した。雨行大臣がすべての業はみな無罪と説くけれども、耆婆はその罪が父王殺害と須陀洹殺害（頻婆娑羅王は須陀洹果を得ていた）との二重を兼ねることをいい、このような罪は仏以外にはよく除き得る者なしと説いた。これこそ善見王が耆婆の導きによって無根信を得るに至る因縁であって、仏は善見太子を仏所へ引きよせるために三月を過ぎてわれ涅槃すべしと説いたのであると。梵行品に説かれた阿闍世王の深刻悲痛な悔心というものは、如上の事態を知ることによってはじめてその所以なきに非ざるを了解せられるであろう。梵行品において光明の生活に入るのを王舎城悲劇の後篇と見れば、今この迦葉品や観無量寿経の初めに説かれている闇黒面はまさしくその前篇というべきものであって、この迦葉品の前篇とさきの梵行品の後篇とを親鸞聖人は教行信証の信巻中に具さに引用し、大聖の真説によれば難化の三機難治の三病も大悲の弘誓によって利他の信海に帰し得ることを歎ぜられた。凡そ仏教文学中においてこれほど悲惨事はないと思われるこの大悲劇の中にあって、重罪の典型とも称すべき阿闍世王が無根信を獲て救われたということは、仏の慈悲を信ずる者にとってこれほどまた心強い確証はないであろう。親鸞聖人がいかばかりこの物語に感動せられたかは想察に余りある所で、自ら愛欲の広海に沈没して深く難治の機たるを悲しめば悲しむほど、闍王の無根信は仏陀の限りなき大慈悲心を反照せしめる。しかし梵行品にすでに明らかにせられていたように、阿闍世王もまた毘婆尸仏下に発菩提心した菩薩であったといわれてみれば、浄土和讃に、「大聖おのおのもろともに凡愚底下のつみびとを逆悪もらさぬ誓願に方便引入せしめけり」「釈迦韋提方便して浄土の機縁熟すれば雨行大臣証として闍王逆悪興ぜしむ」とあるように、すべては己れ一人を救わんがための大悲示現であったことが感受させられ、涅槃経のこの物語は一層感激を深からしめることとなるのである。〔以上巻三十三〕

不解我意　第三十四巻ではさきに迦葉菩薩の問うた二十一諍論に対し仏の答えが示された。すなわち㈠涅槃不涅槃の諍論より初めて次第に㈡有我無我・㈢有中陰無中陰・㈣有退無退・㈤仏身有為無為・㈥十二因縁有為無為・㈦心常無常・㈧五欲障道不障道・㈨世第一法在欲界通三界・㈩施通三業不通三業・⑪有三無為無三無為・⑫造色有無・⑬無作色有無・⑭心数有無・⑮五有六有・⑯五戒八戒具受不具受・⑰犯重失不失・⑱四果成仏不成仏・⑲仏性即衆生離衆生・⑳闡提等有仏性無仏性・㉑十方仏有無の諸問題が解説され、これら諍論のいずれを取るもわが意を解せざるもので、この中に決定を生ずるのは執著なりと断定せられた。その中で、不疑は疑なりといわれているのが寸鉄の鋭さを覚えさせる。次いで無因無果と説くのは断善根であるが、かかる虚無思想に陥るのはかえって聴明利根の者に多い。何となれば、彼等は思索分別に長じているだけに、もし善友より正法を聴くということがなければ不善の思惟を専らにして因果を無視する断善根の徒となりおわると説き、断善根に仏性ありやなしやの問については四種答を分別して答えられた。〔以上巻三十四〕

仏性論はさらに発展して無明煩悩との関係にまで及び、無明行及び諸の煩悩によって善の五陰を得、善の五陰によって成仏を得るのであるから、その意味において無明煩悩は仏性の因というべく、極言すれば無明煩悩が悉くこれ仏性なりというとも差し支えないと説き、衆生の仏性は有といえども虚空の如くに非ず無といえども兎角の如くに非ず故に非有非無であり、一切悉く有れども現在未だあらずという点よりもまた非有非無であるから、仏性は中道たるべきを明かす。しかして仏説の中には随自意語と随他意語と随自他意語とがあるが、一切衆生悉有仏性というのは随自意の説であり、一切衆生悉く仏性あれども煩悩覆うが故に見る能わずと説くのは随自他意の説である。随自意の説は後身の菩薩すら解することができぬからまして二乗やその余の菩薩の知る所ではないという。この随自意・随他意・随自他意の三説を分別することは、天台大師智顗が経論の異説を判釈して随情説と随情智説と随智説との三に分かった考え方に影響を及ぼしている。

恒河七衆生　次に前に師子吼品でも出て来た恒河を渡る七衆生の譬喩につき、常に没するのと、しばらく出て還没するのと、出おわって住するのと、出おわってあまねく四方を観るのと、あまねく観おわって行くのと、行きおわってまた住まるのと、水陸倶に行くのと、以上の七類がある。第一の常没は一闡提、第二のしばらく出て還没するのは信戒聞施慧の具足しない提婆達多以下の悪人、第三の出おわって住まるのは舎利弗以下の煖法を得た人、第四の四方を観るのは頂法より須陀洹までの人、第五のあまねく観おわって行くのは斯陀含の人、第六の行きおわって復住するのは阿那含の人、第七の水陸倶に行くのは阿羅漢・辟支仏・菩薩・仏であるという。七人を修行の階位に配することは師子吼品と相違しているけれども、しかしこの譬喩を応用して、下一闡提より上諸仏に至るまで異名ありといえどもしかもまた仏性の水を離れずといい、もってこの七衆生の善法も不善法も乃至方便道・解脱道・次第道もしは因もしは果悉く是仏性なりとしているのは、確かに前の説より一段進んでいるといわねばならぬ。

のみならず、この七種人は結局七種の段階に外ならぬから、一人でこの七位を具有するものもあれば七人が各々一位を有することもあり得るという見解のもとに、有名な一人具七、七人各一の説をなしているが、ここに至って差別に即する平等を確認し仏性の平等なるままに差別の種々相も厳として動かすべからざるを主張した涅槃経の立場は今や最も刻明に標示せられていることを知られるであろう。結局は仏性の悉有を説いても修道を離れては無意義であると共に、修道の段階は千差無量であるといえども帰する所は一仏乗の平等な理想にあることを知らしめられるのである。それゆえに一概に一闡提成仏すと説くのも正しくなければ一闡提成仏せずと説くのも正しくない。一闡提は善根を生じた後それを相続不断ならしめてはじめて成仏が可能となる故に、衆生の仏性は非有非無というのが仏性説に対するもっとも正鵠を得た見解といわねばならぬのである。〔以上巻三十六〕

かように考えてくると何としても着実な修道を一歩一歩築き上げるのが必須の過程となるから、その実践方法が考究されねばならぬ。故に煩悩について煩悩とその因とその果報とその軽重とを観ずるように、同様に受・愛・想・欲・業・苦等について一々観法の次第を述べることになった。その叙述は甚しく阿毘達磨的傾向を示しているが、それは観行の上にやむを得ぬ結果というべきであろう。中で、苦の八種を観ずるは聖行中の如しという語が見えているが、これはこの迦葉品が前の五行中の聖行品を予想している明らかな現れといえる。〔以上巻三十五、三十六、三十七〕

十　想　重ねて、涅槃を得るのには十想を修すべきことを説かれた。十想とは無常想、苦想、無我想、厭離食想、一切世間不可楽想、死想、多過罪想、離想、滅想、無愛想である。すべてみな真剣な修道要目で、その観法の方が一々懇切に指示されている所、大乗もまた皮相に思惟せられるような空漠の論議に終始するものではないことが知られるであろう。最後に迦葉菩薩の仏前偈讃をもってこの品を終わっているが、その中に初発心の徳を讃えた有名な「発心畢竟二別ならず、是の如き二心先心難し」という偈がある。〔以上迦葉品〕

第七集　破邪の巻

憍陳如品

憍陳如　憍陳如品は大本涅槃経中の最後の品である。品名を附するに当たっては、これまでは徳王品といい師子吼品といい迦葉品といい、みな菩薩名をもってこれに充てているのに、今や憍陳如という声聞の名をもって充てたのである。憍陳如はいうまでもなく成道直後の釈尊により最初に化度せられた五比丘の一人であるから、菩薩ではなく声聞である。しかるに涅槃経中この品に至って初めて、しかも突然声聞の憍陳如が仏の説法の相手となっており、さらにまたこの品の末には同じく声聞の阿難も登場する。このように登場人物や品名において以前の諸品とは全然趣を異にしている憍陳如品が、内容の上でもまた大いに異色あることは当然で、この品ではもはや仏性、涅槃等が余りやかましく論ぜられない。主要部分を成しているのは外道の邪執を逐次破斥してゆくという劇的な物語である。徳王品や師子吼品等に見られたような阿毘達磨的傾向はここにはなく、淡々として外道の異執を破してゆく。筋としても整っており哲学的な議論もかなり深いものがあって、涅槃経の中ではこれまでと異なった意味で興味の尽きない一品である。中国の梁代頃の学者の中にはこの品をもって涅槃経中付嘱流通を明かした部分と見る者が多く、隋唐の頃の学者である浄影寺慧遠はこれを破邪通正分と名づけ、章安大師灌頂も前の迦葉品と今の憍陳如品とで折摂の用を明かす中、迦葉品は摂悪を説き憍陳如品は摂邪を説くというている。もってこの品が涅槃経全体の中で占める地位と内容とがほぼ察せられるであろう。

唯仏是真　さて釈尊最初の弟子である憍陳如（Kauṇḍinya）を持ち来たって今また釈尊最後の説法たる涅槃経の対告衆としているのは、見方によっては結局大乗仏教がいかに菩薩道を高調しても実際は現実の人を離れたものではない意味を寓していると解せられる。いま世尊はその憍陳如に対し、五陰は無常・苦・空・無我・不浄なるが故に須く五陰を滅して常楽我浄なる解脱涅槃を獲得すべきであって、かかる仏法を離れては真の沙門婆羅門もなければまた沙門婆羅門の法もない、一切の外道は虚仮詐称にしてすべて実行なしと宣告された。外道がこれを聞いて激怒したというのが、以下外道調伏の物語の始まる発端である。一梵志は瞿曇（gautama 釈尊の姓）の説は狂の如しと罵り、一婆羅門は瞿曇は妖幻なりと誹謗した。また一尼乾子は瞿曇は大いに呪術を知るといってこれと角逐しようと欲したが、中には瞿曇は無量の功徳を有する故に諍うべからずと制する者もあった。そこで大衆は呪術を競うことを断念し、瞿曇は深宮に育って、技芸・書籍・論議については知る所がないであろうから、よろしく互いに正法の要を討論して彼がもし勝てばわれが給事し、われもし勝てば彼をして給事せしめようということに一決した。こうして相携えて摩伽陀の阿闍世王の所へ行き、瞿曇が先に無常・無楽・無我・無浄と説いたのはわれこれを忍ぶが今すなわち常楽我浄を宣説するのは実に忍び得ない所であるから、大王の聴許を得てかの瞿曇と論議したいと願い出た。阿闍世王は彼等の身のほどを知らぬ愚かさを愍れみ、このような無暴な企ては飢えた獅子の眠りを覚まそうとするにも等しい、よろしく思いとどまるべしと呵せられたが、外道等はもとよりこれに承服するはずはない。かえって、瞿曇の幻術が王にまで及んだのかと怪しみ、月の増減や大海の鹹味はわれら婆羅門の力により、阿竭多僊が十二年間恒河の水を耳中にとどめ耆兗僊人が一日で四海の水を飲み干した如きを知られぬはずはなかろう、どうしてわれら婆羅門をはなはだしく軽蔑せられるのかと訴えてやまない。そこで王は余儀なく彼等の願いを許し外道を率いて娑羅林中の世尊の所へゆき、外道の問難に答えられるように請うたのである。

こうしてまず第一に立ったのが婆羅門闍提首那であった。彼は数論派の学者であったから、涅槃の常住を責め仏より反問せられると二十五諦説をもって答えたが、仏はその二因説を利用してわが法は無常より涅槃を得るといえども涅槃は無常に非ず、生因によって得るものには常楽我浄はないが涅槃は了因によって得るが故に常楽我浄なりと説き、ついにそれをして信伏せしめられた。闍提首那はここに四諦の法を聞いて正見を得、三宝に帰依し出家を願って憍陳如より剃髪を蒙り、剃髪して髪が落ちると共に煩悩も去って即座に阿羅漢果を得ることができた。〔以上巻三十八〕

先尼梵志　つづいて第二番目には婆私吒梵志、三番目には先尼梵志、四番目には迦葉梵志、五番目には富那梵志、六番目には清浄梵志、七番目には犢子梵志、八番目には納衣梵志、九番目には弘広婆羅門と相次いで八人の外道が入れ替わり立ち替わり現れるが、みな論破せられて帰仏してしまう。そして最後に第十番目として須跋陀梵志が招かれて仏所に来たり、問答の結果ついにはこれも帰伏するに至る。以上の一々の論議内容をいまここに紹介する余裕はないが、中でも有名なのは我について討論した先尼梵志であるからその概要を述べることにしよう。先尼梵志（Śrenika）のことは雑阿含第五や小品般若・大品般若・智度論等にも見え、仏陀と論を交えた大論議師として知られているが、彼は涅槃経においては仏に向かい我の問題をもって肉迫した。まず我ありやと問うたが仏は黙っておられる。我なしやと問うたがやはり仏は黙っておられる。もし一切衆生に我あって一切処に遍きや否やと問うたが依然として答えがない。仏はおもむろに口を開いて反問せられた。

汝は我が一切処に遍しと説くか。先尼、われのみに非ず一切の智人皆かくの如く説く。仏、もし我が一切処に遍在ならば五道に在るもの一時に報を受けるはずである。果たして然らば悪を造らず善を修するということは無意義となるが如何。先尼、わが法の中の我というには作身我と常身我の二種あって、作身我のために修善をつとめるのである。仏、一切処に遍在する我と作身我とは両立せぬ。先尼、わが立つる我は身中に在るも同時にまた常法である。何となれば身は無常であるが身の滅する時に我は出で去るから、それ故にわが説く我は常住且つ普遍である。仏、我は色と全一なるか無色と全一なるかいずれかでなければならぬが、色と全一ならば色が無常なる如く我も無常でなければならぬし、無色と全一ならば我は色以外であるから遍在といえぬ。且つ一切衆生が同一の我を共有するということは世間の法にも出世間の法にも反する。先尼、われもまた一切衆生が同一我を共有すとはいわぬ。各人各別にそれぞれ一我を有している。仏、各人各別に一我ありといえば我は多数存在することになる。それではこのような我は普遍とはいい難く、従ってまた常住ともいえぬ。先尼、一切衆生の我は一切に遍する、ただ法と非法とは一切に普遍ではない。仏、それではその法と非法とは業のなす所か。先尼、然り。仏、もし法と非法とが業のなす所ならば、業の主たる我が一なるに随ってその果報も一切の衆生に同一であらねばならぬ。先尼、譬えば一室に百千の灯があるとして、灯（ともしび）炷（とうしん）は別異であるがそれによって照らされる光明には差別はない。ちょうどそのように、法と非法は別異であっても衆生の我が無差別なのに何の不可があろう。仏、この譬は正しくない。何となれば、室と灯とは異なるが、灯の光明は炷の辺にあると同時にまた室の中にも遍している。故にもし我が灯の光明の如しというならば、その我（光明）は法非法（炷）の辺にあると同時にまた我（光明）の中にも法非法（炷）があるはずだ。しかるにもし法非法（炷）の辺に我（光明）なしというならば我は一切処に遍しということができず、もし倶にありというならば我は炷明をもって喩とすることはできぬ。けだし炷増せば明盛んに炷尽きれば明滅して炷と明とは別異といえぬから従ってこれに譬えた法・非法と我とも一体になるからである。（中略）先尼、我には有知の我と無知の我とがあり、無知の我は身を得、有知の我は身を離れる。仏、いう所の知とは智よく知るか我よく知るか。もし智よく知るといわば我が知るといえぬ。もし我が知るならば智は不用。我が智に因って知るといわば我が知るといっても実は智が知るに外ならぬ。また汝の法の中で、我が解脱を得るとは無知の我が解脱を得るのか有知の我が解脱を得るのか。もし無知の我が解脱を得るというならば依然として煩悩を具足しているであろう。もし有知の我が解脱を得るというならば、知は五根によるからその時もやはり五情の諸根があるであろうけれども、諸根のあるものを何として解脱を得たと名づけ得よう。また若しこの我は性清浄にして五根を離るというならば、五道に遍在するともいえぬし解脱のために善法を修することも無意義となる。先尼、それでは仮にもし我なしとすれば憶念の主体は何か。仏、もし我があれば何によってまた忘るる。先尼、もし我がなければ誰が見、誰が聞くか。仏、内の六入と外の六塵とすなわち感官と外境の和合する因縁によって眼等の六種の識を生じたにすぎぬから、一切諸法は幻の如くで、内外の六入以外に衆生とか我とかいうようなものはない。（中略）先尼、瞿曇の説のように我も我所もなしということならば何に縁ってまた常楽我浄を説くか。仏、われもまた内外六入及び六識が常楽我浄なりとはいわぬ。内外入によって生じた六識を滅した所を常楽我浄というのである。わが我というのは衆生が苦を厭いその苦因を断じて自在となった所を我と名づけるのに外ならぬ。先尼、世尊よ、このような常楽我浄はいかにして得られましょうか。仏、まず慢心を離れよ。先尼、是の如し是の如しまことに聖教の如し、われ先に慢あり慢心のために如来を瞿曇の姓をもって呼びました。今すでにこのような大慢を離れて誠心に法を請い求めます。いかにすれば常楽我浄を得られますか。先尼梵志はこのようにして敬虔な求法者となったので、仏はもしよく自に非ず他に非ず衆生に非ずんばこの法を遠離すとの公案を与えられた。そこで先尼はわれすでに知解して正法の眼を得たりといったが、如来は反試してかれをして領解を述べさせ、ついにその願によって出家修道を許された。こうして仏の善来比丘の一言により、即時に清浄梵行を具足して阿羅漢果を証したというのである。

十外道帰伏　他の外道についても大体同様の形であって、反問して相手の立場を破りつつ仏教の立場へ誘導し、最後には公案を提示してその領解を述べさせるという方法がとられた。そしていずれもみな帰仏し出家するが、中には婆私吒のように瞿曇の姓をもって如来を呼んだのを懺悔し焚身して涅槃に入ったものもあり、犢子梵志のように仏恩を報じようとして仏より先に涅槃に入った者もあった。〔以上巻三十九〕

また第九の弘広婆羅門などは仏黙然として答えられず憍陳如の代説によって帰入しており、しかも憍陳如が汝はよく発菩提心したと讃めると、仏はこの婆羅門は今日初めて発心したのではなく過去の普光明如来の時すでに発菩提心しており、この賢劫の中に作仏するであろう、久しくすでに通達して法相を了知しているが、衆生のための故に現に外道となって無知の相を示しているに過ぎないと説かれた。法華経等では内秘菩薩行外現是声聞といわれているが、今は外道をも菩薩の化現と見ているのである。

阿難は何処　さて第九番目の外道弘広婆羅門が帰伏した後、世尊は憍陳如に向かって阿難の所在を問われた。阿難は涅槃経の初めよりこのかた未だかつて会座に現れていないのである。憍陳如は阿難がいま娑羅林外のこの大会を去ること十二由旬の所で六万四千億の魔衆のために嬈乱せられている旨を答えた。しかし仏がこの期に至って突然阿難の所在を問われたのを怪しんで、文殊菩薩は、今この大衆中には大涅槃経を受持するに足る諸菩薩が多くあるにかかわらず、世尊は何故に特に阿難の所在をたずねられるかと問うた。そこで仏は阿難が仏の侍者となった因縁を説き、阿難は仏に侍すること二十余年その間八種不可思議の徳を具足していたのみならず特に十二部経を受持するに功があった。もとよりこの大衆中には無量の菩薩があるけれども菩薩には各々別に重任があって十二部経を宣説する暇がなく、またもしたとい宣説しても人が信受せぬ。しかるに阿難はわが実弟で二十余年われに給事し聞く所を悉く受持している。故にわれいま阿難を顧問して所在をたずねるのは、この涅槃経を受持せしめんがために外ならぬ。汝に大陀羅尼を授く、行きて阿難を救え、と告げられた。こうして文殊は命をうけ魔王の所へゆき、阿難を救って仏の所へ伴ない帰ったのである。

須跋陀　仏は阿難が帰り来たったのを見ると、直ちにかれに告げていわれた。いま娑羅林外に、年百二十に及び五通を得るといえどもすなわち憍慢を生じ非想非非想定を得てそれを涅槃と思っている一梵志がいて、その名を須跋陀（Subhadra）という。汝は彼のところに往き、遇い難き如来は今夜涅槃に入ろうとしていることを告げ、後日に悔いを生じないように勧めて来なさいと。阿難はこの命を受けて須跋陀の所へ往き、ついに彼をつれて来た。仏の所へ来た須跋陀は早速仏に向かっていった。諸の沙門婆羅門等は一切衆生が受ける苦楽の報はみな往日の本業因縁に随うというが、仏はこれをいかに考えられるかと。これに対して仏は答えられた。一切衆生は必ずしも過去の本業に因って苦楽を受けるのではなく、聖道を修すれば過去の本業を断じて解脱が得られる、但し修行は徒らに身体を苦しめることによって得道し得られるものではない、まずもってその心を調伏するのが根本であると。須跋陀はここで悟る所ありと己れの所悟を呈してもって非想非非想こそ一切智なりと言ったが、しかし仏は非想非非想定もなお細想に愛著するもので涅槃は無想なる故にそれをもって涅槃を獲たとはいい難い、実相を観じてこそ諸有を断ずることができ、実相は無相の相なりと教えられた。

得　益　この法を説かれた時、数万の菩薩は各々悟る所があり、無量の衆生は阿耨多羅三藐三菩提心を発し、無量の衆生は縁覚心を発し、無量の衆生は声聞心を発し、人女天女二万億人は現に女身を転じて男子の身を得、須跋陀羅は阿羅漢果を得たという。

大本涅槃経はここで終わっており、それ以後涅槃経の会座が如何になったかを説いていない。古来、経来不尽の疑いが存する所以である。事実経首の大がかりな結構に比し、経末の余りにも不整備なのを否定し得ないのであるが、しかし今この憍陳如品で外道十師の帰伏を明かすのは、仏法を離れてはいかなる法も存立し得ずという論旨を闡明するのが趣意であったから、少なくも憍陳如品に関する限りはこれで目的を達しているということができよう。且つ外道十師の帰伏を説くのも、史実的には梵志須跋陀が仏陀最後の受化者であったという伝えを手がかりとし、それを拡大敷衍したものに外ならぬから、この構想が小乗涅槃経に取材しつつもそれを大乗教義の宣説に転用したものであることは明らかである。この意味においては憍陳如品の最後は確かに涅槃経としての思想と外形を保っているといえる。しかしそれにもかかわらず、前に寿命品では阿難等声聞には法宝を付嘱すべからずといっておきながら、今この品では阿難の多聞を称揚しこの涅槃経を受持せしめるために阿難を招致するというような頗る首尾一貫せぬ明白な齟齬を暴露しており、特に大乗涅槃経の終末にこの法を聞いて二乗心を発す者があり阿羅漢果を証するものがあったというに至っては、まことにもって奇異の次第といわねばならぬ。けだしこれを成立史的に考察すればともかく、然らざる限り中国・日本の学者がこれらの点を円滑に解釈しようとして古来甚だ困難を感じたことはもとより当然というべく、それだけにまたこうした諸点が涅槃経成立の複雑な段階を示しているといえるのである。〔以上巻四十、以上憍陳如品〕

大涅槃経序

涼州釈道朗作

大般涅槃は、蓋しこれ法身の玄堂、正覚の実称、衆経の淵鏡、万流の宗極なり。その体たるや、有物の表に妙存し、無窮の内に周流す。任運にして動き、機を見て赴く。任運にして動けば則ち虚照に乗じて以て物を御し、言蹄に寄せて以て化を通ず。機を見て赴けば則ち万形に応じて像をなし、群情に即して教を設く。乃ち形十方に充ちて心に慮を易えず、教天下に弥ねくして情己に在らざるに至る。塵蟻に廁流《しりゅう》して下ならず、群聖を弥蓋して高からず。功万化を済しうして恃まず、明万日に踰えて居らず。渾然として太虚と量を同じくし、泯然として法性と一たり。

夫れ法性は至極を以て体となす。至極は則ち無変に帰す。所以に生滅もその常を遷す能わず。生滅その常を遷す能わざるが故に、その常動ぜず。非楽その楽を虧く能わざるが故に、その楽窮なし。或は我謬想に生じて非我因仮に起ることあるも、因仮は名数に存するが故に、至我は名数を越えて無にあらず。名数を越えて無にあらざるが故に、能く自在の聖位に居して非我も変ずる能わず。非浄は虚浄に生ずるが故に、真浄は万法を水鏡す。万法を水鏡するが故に、非浄も渝《か》うる能わず。

是を以て、斯の経の章を解する、常楽我浄を叙べて宗義の林となし、玄致を開究して涅槃の原となす。用て能く秘蔵を未聞に聞き、霊管を啓いて以て通照す。四重(1)の瘭疽《ひょうそ》を拯い、無間(2)の疣贅《ゆうぜい》を抜く。秘蔵を聞けば則ち群識の情を暢べて妙我の己に在るを審かにし、霊管を啓けば則ち玄光の潜を悟って神珠の体に在るを映かにす。

然るに四重と無間と誹謗方等とは、これ乃ち衆患の疛痟《うしょう》、瘡疣の甚しきものなり。故に大涅槃は無瘡疣を以て義名となし(3)、この経は大涅槃を以て宗目となす。宗目挙ぐれば則ち衆妙を統摂し、言約にして義備ることを明す。義名立すれば則ち三乗の優劣と至極の在るを照す。

然して冥化は無朕、妙に無言に契う。之を沖境に任ずれば、則ち理虚運せず。是を以てこの経は、誠言を開いて教本となし、衆喩を広めて以て義を会す。護法を建てて以て初に渉り、秘蔵を覩て以て原を窮む。千載の固滞を暢べて霊鷲の余疑を散ぜり(4)。理微幽蟠にして微よりも微なるものに至っては、則ち諸菩薩郢匠の功を弘め舟船の済を曠かにす(5)。請難雲構し、翻覆周密なり。由って幽途を融坦にし宗帰を豁然たらしむ。

この故に、その文を誦して疲れず、その義を語って倦まず。その味を甘して足るなく、その音を湌して厭かず。始めて謂いつべし、微言真丹に興詠し、高韻赤県に初唱す、梵音響を聾俗に震い、真容曜を今日に巨にすと。而るに寡聞の士偏執の流、愚見を量らず敢て大聖無涯の典を評し、遂に是非して諍論を興し議謗して快心を生ぜしむ。先覚その迷を返す能わず、衆聖能くその志を移すなし。まさにもって八邪の網に沈蔽し九流の淵に長淪せんとす。亦た哀しからずや、亦た哀しからずや。

天竺の沙門曇摩讖は中天竺の人。婆羅門種なり。天懐秀抜、領鑒明邃。機弁清勝にして、内外兼ね綜ぶ。将に運に乗じて化を流さんとし、先に燉煌に至って停止すること数載。大沮渠河西王(6)は、至徳潜著にして王業を建隆す。形は万機に処すと雖も、毎に大道を弘めて法の城塹たらんことを思う。会々西夏を開定して、この経讖と与に遠くより至れり。自ら至感先より期するに非ずんば、孰んぞかくのごときの遇あらんや。

讖既に此に達し、玄始十年(7)歳次大梁十月二十三日を以て、河西王勧請して訳さしむ。讖手に梵文を執り、口に秦言を宣ぶ。その人、神情既に鋭にして、法の為にすること慇重、訳に臨んで敬慎、殆ど遺隠なし。本正を捜研し、務めて経旨を存す。唯だ胡本分離して残欠未だ備わらざるを恨むのみ。

余、庸浅を以てこの運に預り遭う。夙夜に感戢《かんしゅう》し、欣遇良に深し。聊か標位を試みてその宗格を叙するも、豈に必然その宏要を闚《うかが》う者と謂わんや。

(1)四重禁即ち四波羅夷罪　(2)五無間即ち五逆罪　(3)涅槃経第五如来性品に出ず　(4)法華経の声聞成仏の授記に漏れたる者の疑い　(5)迦葉菩薩・徳王菩薩・師子吼菩薩等　(6)河西王沮渠蒙遜　(7)宋武帝の永初二年西紀四二一年に当たる

涅槃経略科及び要項

（章安五門分科）	（品名）	（巻数）	（各品略要項）
一　召請涅槃衆 ㈠通序 ㈡別序	一　寿命品	一	鶴林
		二	伊字三点、常楽我浄
二　開演涅槃施 ㈠対此土雑衆 ㈡対此土声聞衆 ㈢対此土菩薩衆	二　金剛身品 三　名字功徳品	三	長寿業、護念衆生、護法
	四　如来性品	四	断肉、像法比丘、不入涅槃
		五	闡提不可治、百句解脱
		六	乗戒緩急、法滅、魔説
		七	貪女宝蔵、闡提不発心
		八	三宝一体、五味相生
		九	法華授記、三乗同一仏性
	五　一切大衆所問品	一〇	三宝常性

三　示現涅槃行

㈠明修五行
一、病行　二、聖行
三、梵行　四、天行
五、嬰児行
㈡明証十徳

六　現病品
一一　難治三病人、有病行五種人

七　聖行品
一二　五行、如来行、戒定慧
一三　四諦
一四　五味相生、雪山求道

八　梵行品
一五　四無量心、慈・大慈
一六　極愛一子地、空平等地
一七　無所得
一八　法滅時十四諍論
一九　六師外道、闍王帰仏、無根信

九　嬰児行品
二〇　嬰児行

一〇　光明遍照高貴徳王菩薩品
二一　十功徳、微密之義、悉有仏性
二二　四重、五逆、謗法、闡提成仏
二三　闡提不決定、涅槃、大涅槃
二四　浄仏国土、西方無勝世界
二五　縁生無性、中道
二六　教団堕落、闡提発菩提心

四　問答涅槃義

- (一)明仏性
  - 一、仏性　二、中道
  - 三、縛脱　四、修道
- (二)歎経

一一　師子吼菩薩品
- 二七　師子吼、第一義空、中道
- 二八　有心者得菩提、涅槃無因
- 二九　生因了因、正因縁因
- 三〇　退菩提心、不退、解脱
- 三一　修道、六大城、六師外道
- 三二　恒河七人譬、信心仏性

五　折摂涅槃用

- (一)折悪摂邪用
- (二)化周掩迹用

一二　迦葉菩薩品
- 三三　善星地獄劫住、仏滅後諍論二十一
- 三四　善見太子無根信、断善根
- 三五　衆生仏性亦有亦無、随自意語
- 三六　一人具七、七人各一、五種涅槃
- 三七　三漏
- 三八　修涅槃修十想

一三　憍陳如品
- 三九　十外道論義
- 四〇　阿難受苦、得益

涅槃経三本対照表　（　）内の漢数字は所在巻数

六巻泥洹経	南本涅槃経	北本涅槃経
1 序品（一）	1 序品（一）	1 寿命品（一、二、三）
2 大身菩薩品（一）	1 序品（一）	1 寿命品（一、二、三）
3 長者純陀品（一）	2 純陀品（二）	1 寿命品（一、二、三）
4 哀歎品（二）	3 哀歎品（二）	1 寿命品（一、二、三）
5 長寿品（二）	4 長寿品（三）	2 金剛身品（三）
6 金剛身品（二）	5 金剛身品（三）	2 金剛身品（三）
7 受持品（二）	6 名字功徳品（三）	3 名字功徳品（三）
8 四法品（三）	7 四相品（四、五）	
9 四依品（四）	8 四依品（六）	
10 分別邪正品（四）	9 邪正品（七）	
11 四諦品（五）	10 四諦品（七）	

12 四倒品(五)	11 四倒品(七)	4 如来性品(四～一〇)
13 如来性品(五)	12 如来性品(八)	
14 文字品(五)	13 文字品(八)	
15 鳥喩品(五)	14 鳥喩品(八)	
16 月喩品(五)	15 月喩品(九)	
17 問菩薩品(六)	16 菩薩品(九)	
18 随喜品(六)	17 一切大衆所問品(一〇)	5 一切大衆所問品(一〇)
	18 現病品(一〇)	6 現病品(一一)
	19 聖行品(一一～一三)	7 聖行品(一一～一四)
	20 梵行品(一四～一八)	8 梵行品(一五～二〇)
	21 嬰児行品(一八)	9 嬰児行品(二〇)
	22 光明遍照高貴徳王菩薩品(一九～二四)	10 光明遍照高貴徳王菩薩品(二一～二六)
	23 師子吼菩薩品(二五～三〇)	11 師子吼菩薩品(二七～三二)
	24 迦葉菩薩品(三一～三四)	12 迦葉菩薩品(三三～三八)
	25 憍陳如品(三五、三六)	13 憍陳如品(三九、四〇)

文庫版解説

仏典研究の歴史性――横超慧日『涅槃経』を再読する――

下田正弘

一九四二（昭和十七）年、太平洋戦争が本格化するなか、日本評論社は、幸田露伴、武者小路実篤、鈴木大拙、服部四郎、丸山眞男らの錚々たる作家、学者、知識人たちを執筆候補者として集め、「東洋思想叢書」の編纂を開始した。本書の起源は、その一冊として上梓された『涅槃経』に遡る。法華思想を中心とする中国仏教研究の大家として世に知られた横超慧日博士も、当時はまだ三十代後半であったことを知れば、著書の完成度の高さに驚きを禁じえない。

それから四十年ほどを経た一九八一（昭和五十六）年、本書は、「如来常住と悉有仏性」という副題を添え、平楽寺書店より「サーラ叢書」の一冊としてふたたび刊行された。横超博士、七十代のことである。同年、同書店より、柳田聖山老師をして「横超仏教学の出世の本懐」と言わしめた『涅槃経と浄土教』が公刊され、この二書によって、法華、涅槃のみならず、浄土までが一大円団を構成する仏教理解が示された。ご自身の研究が完成期を迎えたこの時期に、四十年の星霜を経た自著に手を加えることなく世に送りだされたことは、博士が若くして書きあげたこの書にいかに信頼を置きつづけられていたかを示している。

そして、さらに四十三年のときを経て、『涅槃経』はいまここに『涅槃経入門』（法蔵館文庫）としてすがたを現した。時代も、出版社も、著者も、すべてが変わり、ときに消えてゆくなかにあって――著者は一九九六（平成八）年に逝去されて、いまこの世にはない――書物のみは、無常の世界を超えるかのようによみがえってゆく。それは、二千年まえの古代インドに生まれ、いま日本の私たちにとどけられている経典の生命に響きあっているようにおもえてくる。

＊　＊　＊　＊

ところで、初版が刊行されて以来八十年の歳月を経る間に、〈涅槃経〉をめぐる学界の研究状況は大きく変わった。それは経典成立の起源であるインド仏教をめぐる研究において進展が著しく、加えてその研究の国際的な広がりにおいて展開が顕著である。読者によっては、そうした研究を考慮しえていない、戦前に刊行された書を現代に再刊することに、いったいどのような学問的意味があるのかと、いぶかしくおもわれる向きもあるだろう。これは古典にもとづく思想研究の意義を理解するうえでたいせつに応答すべき問いである。

一般に研究の進展は、以前の成果をあらたなものに書きかえてゆくところにあると見られている。だとするならば、過去になされた研究は、早晩意味をうしなってしまわざるをえないだろう。じっさい、自然科学の少なからぬ分野における過去の研究は、たとえば科学史という独自の領域において歴史的意義をもつものとして取りあげられることはあっても、現在進行中の研究に影響をあたえることはない。これは、絶えざる情報の更新によって研究成果が生みだされる分野においてはことに顕著である。情報学においては、数年どころか、数か月、あるいはいまや数日の間に以前の研究は効力を消失してしまいかねない。

とはいえ、こうした事態は、あらゆる分野の研究にあてはまるものではない。研究対象が歴史的存在として認識されているか、そうではないかという相違によって、事態は大きく変わってくる。多くの自然科学の研究においてあらたな知識が旧来の知識を消しさってそれに置きかわってしまうのは、研究対象が現在か、あるいはそれと直結する直近の過去によって構成されたものであり、そこには歴史が内在していないからである。現在の刹那はつぎに来る現在の刹那によって消去され、代替されてゆくしかない。

それにたいして人文学の知の対象は、百年、千年単位のときをかけて解明されつづけ、現在も進行中の解釈行為のただなかに成立している。過去のときの営為がつぎつぎと対象自身のなかに蓄積されつづけてきており、その意味でまさに歴史的存在である。こうした対象をめぐる研究においてあらたに出現する成果は、以前の総体を消しさることはなく、それに付加されて全体を変容させてゆく。

〈涅槃経〉は、千五百年以上にわたる東アジア思想界の解釈行為をとおして伝承されてきた。それは解釈の総体としての歴史的存在なのであり、そこに西洋近代に起源を有するインド仏教のあらたな知識が出現するとき、それは、以前の歴史を包摂したり、代替したりするものではない。逆にその総体の内部に入りあらたな運動を起こすことによって、その歴史存在の意義を闡明する契機となるのである。

人文学においてあらたな成果が生みだされるとき、それはつねに以前の歴史との関係で把握しなおされる必要がある。あらたなインド語の資料にもとづく経典研究の成果が従前の中国語の資料による同一経典の歴史に接合しえないとき、その乖離の意味を説明することが研究には求められている。それがなされたおりには、これまでの歴史は斥けられることなく、新旧を共存させうるあらたな全体を創出する。学界においてほんの最近まであまねく流布していた仏典の「サンスクリット語〈原典〉」(the Sanskrit *original* text)という表現が反省され使用されなくなってきたことは、こうした事態に研究者がめざめはじめたことを示しているとみなせるだろう。

〈涅槃経〉の研究において以上の内容を実現するためには、東アジア仏教世界における厖大な解釈の蓄積を把握することが必要になる。気の遠くなる厖大な労力を要し、ほとんど不可能におもえるこの企図を可能にするのは、ゆいいつ高度な質の先行研究の存在である。ここに横超慧日『涅槃経』がある。

＊　＊　＊　＊

『中國佛教の研究』全三巻（法藏館）は、横超博士の研究の核心にふれるための絶好の全集である。時代は漢魏両晋、南北朝から明末までの長大な歴史にわたり、主題は戒律論、翻訳論、教判論、社会国家論、宗教論というきわめて多様なテーマにおよぶ。厳密な文献学にもとづきながら同時に斬新な視点から照らされる中国仏教は、驚くほど新鮮な現代性をそなえたすがたをもって現れている。そのきわだった特徴は、仏典とその思想の解釈方法に確認できる。評者のことばで表現することを許してもらえるなら、それは、仏典を歴史的に展開する諸段階を内包した弁証法的存在としてとらえ、思想をその歴史展開の運動としてとらえようとするものである。多くの優れた中国仏教研究が存在するなかにあって、これほど明晰な視野を与えてくれる研究もめずらしい。

本書『涅槃経入門』は、まさにこの視野のなかに開かれている。「総説」に示された内容――仏典は釈尊の言説の単純な記録ではなく仏と法への問いを世代を重ねて問いつづけた論攷の集積であること、大慈悲心は現実に反照され度し難き一闡提という困難を引きうけること、釈尊入滅後には仏と教説とが分離し、その時点で仏の本質は「自覚」から「覚他」へと移行することなど——は、現在仏教学界で十分に課題になしえていないきわめて重要な問題提起である。

ことに注目したいのは、「如来常住から悉有仏性へ」という一経の思想展開が、〈涅槃経〉の編纂構成に現れていることを明示した点であり、これは拙著『涅槃経の研究——大乗経典の研究方法試論——』（春秋社、一九九七年）が正面から課題とした問いにほかならない。学界におけるその後の〈涅槃経〉の研究は、こうした研究成果に接続するかたちで展開されており、現在急速に深化している〈涅槃経〉研究の淵源は、本書の淵源である『涅槃経』にまで遡ることができる。

ここで私事にわたるが、研究上のひとつの経緯を付言させていただきたい。評者は前掲拙著において「原始涅槃経」という経典を仮説として立て、その構成過程の詳細な考察をとおして、大乗経典のあらたな研究方法を提示した。その核となる発想は、大学院の修士課程時代、横超説を知る以前に得られたものだった。当時はインド仏教研究として〈涅槃経〉をあつかうという意識から、中国仏教分野の研究に十分な注意を払っていなかった。その後、ほどなくして博士の『涅槃経』を読み、経典の理解がかなり重なっていることを知り、同時に仮説を立てる意味が一瞬、すっかり消失してしまった。けれども結論に目を奪われることなく、その立論の背景と問題意識をていねいに考究すると、博士と評者のあいだには微細にして明確な相違があることが見えてきた。こうして『涅槃経』との差異を明確にするなかで、評者自身の立論をより厳密なものへと深化させていくことができた。研究の継承の重要性に目覚めさせられるできごとだった。

この経験は、その後、大学院生を指導する立場になったとき、さらにべつのかたちで生きてきた。もし研究の目的があらたな成果の獲得にあるのなら、学生たちにはいまだ手つかずの分野の研究を勧めることになるだろう。じっさい、学生自身の相談もそうした内容が多く、教員の側もすでに過去に研究がある主題を選ぶことを避けさせようとする。けれども仏典の研究のほんらいの目的は、仏典からいかなる意味がどのような根拠で得られるかを可能なかぎり正確に明らかにするところにある。時代状況と研究環境が変わり、なにより研究者がことなっていれば、ひとつの仏典もあらたな現れかたをしてくる可能性が十分にある。そこで提示される読みが、たんに恣意的なものにすぎないか、普遍性をもっているかは、過去の歴史において立てられた問いに真摯に応答しえているかどうかによって決まる。

＊　＊　＊　＊

最後に、本書『涅槃経入門』では届かない、あらたな理解について補足しておく。それは〈涅槃経〉がインド仏教の地平において明確な輪郭を現してきていることであり、これと深く関連して、如来蔵思想という主題が、高崎直道教授の金字塔をさらに精緻化するかたちで、インド仏教思想史上の重要な意味領域として自立しつつあることである。紙数の関係で最新の研究一点のみを挙げるなら、〈摂大乗論世親釈〉に現れた「一切法有如来蔵 *chos thams cad ni de bzhin gshegs pa snying po can*」の主張を論じた Ching Keng, *Toward a New Image of Paramārtha: Yogācāra and Tathāgatagarbha Buddhism Revisited*, Bloomsbury Publishing, 2023 が目をひく。これは中国における真諦訳の唯識・如来蔵思想関係の典籍の受容と展開にたいする鋭い批判的考察でもあり、東アジアとインドの双方の如来蔵仏性関係の思想に同時に再考を迫る問題作である。ここで示されるあらたな地平に『涅槃経入門』はふたたび召喚され、継承されてきた問題のさらなる明確化と深化とが図られてゆくことになるだろう。それは本書の生命の伸びゆきでもある。

（武蔵野大学教授／東京大学名誉教授）

横超慧日（おうちょう　えにち）
1906年愛知県に生まれる。1929年東京大学文学部印度哲学科卒業。大谷大学名誉教授。文学博士。著書に『北魏仏教の研究』『法華思想』（平楽寺書店）、『羅什』（大蔵出版）、『中国佛教の研究』『法華経序説』『仏教とは何か』、編著『仏教学辞典』（いずれも法藏館）など多数。1996年１月17日、逝去。

涅槃経《ねはんぎょう》入門《にゅうもん》

二〇二四年一〇月一五日　初版第一刷発行

著者　横超慧日
発行者　西村明高
発行所　株式会社　法藏館
京都市下京区正面通烏丸東入
郵便番号　六〇〇-八一五三
電話　〇七五-三四三-〇〇三〇（編集）
〇七五-三四三-五六五六（営業）

装幀者　熊谷博人
印刷・製本　中村印刷株式会社

©2024 Fukiko Furuta *Printed in Japan*
ISBN 978-4-8318-2679-4 C1115
乱丁・落丁の場合はお取り替え致します

法蔵館文庫既刊より

価格税別

た-4-1

聖武天皇

「天平の皇帝」とその時代

瀧浪貞子著

高い政治力を発揮し、数々の事業を推進した聖武天皇。「天平の皇帝」たらんとしたその生涯と治世を鮮やかに描写。ひ弱、優柔不断といった旧来の聖武天皇像に見直しを迫る。

1300円

し-1-2

精神世界のゆくえ

宗教からスピリチュアリティへ

島薗進著

なぜ現代人は「スピリチュアリティ」を求めるのか。宗教や科学に代わる新しい思想を網羅的に分析し、「スピリチュアリティ」の興隆を現代精神史上に位置づけた宗教学の好著。

1500円

よ-2-1

日本人の身体観の歴史

養老孟司著

日本の中世、近世、そして現代哲学の心身論から西欧の身体観まで論じる。固定観念を揺さぶり、常識をくつがえし、人と世界の見方を一変させる、養老「ヒト学」の集大成。

1300円

ぎ-1-1

現代語訳 南海寄帰内法伝

七世紀インド仏教僧伽の日常生活

義浄撰
宮林昭彦
加藤栄司訳

唐の僧・義浄がインドでの10年間にわたる留学生活で見た7世紀の僧侶の衣・食・住の実際とは。戒律の実際を知る第一級資料の現代語訳。原書は、鈴木学術財団特別賞受賞。

2500円

と-1-1

文物に現れた北朝隋唐の仏教

礪波護著

隋唐時代、政治・社会は仏教に対していかに関わり、仏教はどのように変容したのか。文物を含む多彩な史料を用いスリリングに展開される諸論は隋唐時代のイメージを刷新する。

1200円

こ-1-1
神々の精神史　小松和彦著
カミを語ることは日本人の精神の歴史を語ること。竈神や座敷ワラシ。酒呑童子、ものくさ太郎に、山中の隠れ里伝承など、日本文化の深層に迫った妖怪学第一人者の処女論文集。
1400円

み-1-1
江戸のはやり神　宮田登著
お稲荷さん、七福神、エエジャナイカ——民衆の関心で爆発的に流行し、不要になれば棄てられた神仏。多様な事例から特徴を解明し、背景にある日本人の心理や宗教意識に迫る。
1200円

さ-5-1
信仰か、マインド・コントロールか
カルト論の構図　櫻井義秀著
社会はカルトやマインド・コントロールの問題にどう対処すべきか。九〇年代以降のメディアや裁判記録などの分析を通じて、これらの問題を考えるための基礎的理論を提示する。
1100円

う-1-1
日蓮の女性観　植木雅俊著
仏教は女性蔑視の宗教なのか？　仏教史における男性観、女性観の変遷、『法華経』における提婆達多と龍女の即身成仏を通して検証し、また男性原理と女性原理について考える。
1300円

お-1-1
寺檀の思想　大桑斉著
近世に生まれた寺檀の関係を近代以降にまで存続せしめたものとは何か？　家を基本構造とする幕藩制下の仏教思想を明らかにし、近世社会の本質をも解明する。解説＝松金直美
1200円

や-3-1
藤原道長　山中裕著
道長の生涯を史料から叙述すると共に、人間関係を詳しく説き起こして人物像を浮かびあがらせる。既存の図式的な権力者のイメージをしりぞけ史実の姿に迫る。解説＝大津透
1200円

た-5-1

安倍晴明の一千年 「晴明現象」を読む 田中貴子著

スーパー陰陽師・安倍晴明はいかにして誕生したのか。平安時代に生きた晴明が、時代と世相にあわせて変貌し続ける「晴明現象」を追い、晴明に託された人々の思いを探る好著。

1200円

ふ-1-1

江戸時代の官僚制 藤井讓治著

一次史料にもとづく堅実な分析と考察から、幕藩官僚＝「職」の創出過程とその実態・特質を解明。幕藩官僚制の内実を、明瞭かつコンパクトに論じた日本近世史の快著。

1100円

た-6-1

宗教民俗学 高取正男著

民俗学の見地から日本宗教史へとアプローチし、日本的信仰の淵源をたずねる。高取正男の真骨頂ともいうべき民間信仰史に関する論考12篇を精選。解説＝柴田實／村上紀夫

1400円

み-2-1

天狗と修験者 山岳信仰とその周辺 宮本袈裟雄著

修験道の通史にはじまり、天狗や怪異伝承、修験者の特性と実態、恐山信仰などを考察。入手困難な記録や多様な事例から修験者の固有信仰を幅広く論じる。解説＝鈴木正崇

1200円

た-7-1

法然とその時代 田村圓澄著

法然はいかにして専修念仏へ帰入するに至ったのか。否定を媒介とする法然の廻心を基軸に、歴史研究の成果を「人間」理解一般にまで昇華させた意欲的労作。解説＝坪井剛

1200円

み-3-1

風水講義 三浦國雄著

龍穴を探し当て、その上に墓、家、村、都市を営むと都市や村落は繁栄し、墓主の子孫、家の住人に幸運が訪れる――。原典を通して「風水」の思想と原理を解明する案内書。

1200円

さ-6-1
祭儀と注釈
中世における古代神話
桜井好朗著
神話はいかに変容したのか。注釈が中世神話を創出し、王権－国家の起源を新たに形成。中世芸能世界の成立をも読解した、記念碑的一冊。解説＝星優也
1400円

た-6-2
民俗の日本史
高取正男著
文明化による恩恵とともに、それによって生じた土着側の危機をも捉えることで、文化史学の抜本的な見直しを志した野心的論考12本を収録。解説＝谷川健一・林淳
1400円

ま-1-1
中世の都市と非人
武家の都鎌倉・寺社の都奈良
松尾剛次著
非人はなぜ都市に集まったのか。独自の論理で彼らを救済した仏教教団とは。中世都市の代表・鎌倉と奈良、中世都市民の代表・非人を素材に、都市に見る中世を読み解く。
1200円

た-8-1
維新期天皇祭祀の研究
武田秀章著
幕末維新期における天皇親祭祭祀の展開過程を文久山陵修補事業に端を発する山陵・皇霊祭祀の形成と展開に着目しつつ検討、天皇を基軸とした近代日本国家形成の特質をも探る。
1600円

あ-2-1
方丈記を読む
孤の宇宙へ
荒木浩著
無常を語り、災害文学の嚆矢として著名な『方丈記』。第一人者による校訂本文、大意、原文、解説を含んだエッセイで構成。不安な時代にこそ読みたい、日本古典屈指の名随筆。
1200円

う-2-1
〈小さき社〉の列島史
牛山佳幸著
「村の鎮守」はいかに成立し、変遷を辿ったのか。各地の同名神社群「印鑰社」「ソウドウ社」「女体社」「ウナネ社」に着目し、現地調査・文献を鍵に考察を試みる意欲作。
1300円

わ-1-1

増補 天空の玉座

中国古代帝国の朝政と儀礼

渡辺信一郎著

国家の最高意志決定はどのような手続きをへてなされたのか。朝政と会議の分析を通じて権力中枢の構造的特質を明らかにし、中国古代における皇帝専制と帝国支配の実態に迫る。

1200円

い-3-1

日本の神社と「神道」

井上寛司著

日本固有の宗教および宗教施設とされる神社と、神社祭祀・神祇信仰の問題を「神道」との関わりに視点を据えて、古代から現代までをトータルなかたちで再検討する画期的論考。

1500円

お-2-1

来迎芸術

大串純夫著

阿弥陀来迎図や六道図等の美と信仰のあり方を、浄土教美術に影響を与えた『往生要集』の思想や迎講・仏名会等の宗教行事から考証。解説＝須藤弘敏

1200円

に-1-1

仏教文化の原郷

インドからガンダーラまで

西川幸治著

伽藍、仏塔、仏像、都市、東西文化交流……近代以降、埋もれた聖跡を求めて数多行われた学術探検隊による調査の歴史をたどりつつ、仏教聖地の往事の繁栄の姿をたずねる。

1400円

と-1-2

馮道

乱世の宰相

礪波護著

五代十国時代において、五王朝、十一人の皇帝に仕え、二十年余りも宰相をつとめた希代の政治家・馮道。乱世においてベストを尽くしたその生の軌跡を鮮やかに描きあげる。

1200円

お-3-1

忘れられた仏教天文学

一九世紀の日本における仏教世界像

岡田正彦著

江戸後期から明治初、仏教僧普門円通によって体系化された仏教天文学「梵暦」。西洋天文学の手法を用い、須弥界という円盤状の世界像の実在を実証しようとした思想活動に迫る。

1300円

お-4-1

増補 ゆるやかなカースト社会・中世日本　大山喬平著

第一部では日本中世の農村が位置した歴史的位相を国内外の事例から解明。第二部では日本中世史研究の泰斗・戸田芳實、黒田俊雄、三浦圭一らの業績を論じた研究者必読の書。

1700円

は-2-1

古代インドの神秘思想 初期ウパニシャッドの世界　服部正明著

最高実在ブラフマンと個体の本質アートマンの一致とは何か。生の根源とは何かを洞察する古代インドの叡知、神秘思想の本質を解明する最良のインド思想入門。解説＝赤松明彦

1100円

ふ-2-1

増補 戦国史をみる目　藤木久志著

斬新な戦国時代像を描き、後進に多大な影響を与えた歴史家・藤木久志。その歴史観と学問・思想の精髄を明快に示す論考群を収録した好著の増補完全版。解説＝稲葉継陽

1500円

い-4-1

仏教者の戦争責任　市川白弦著

仏教者の戦争責任を粘り強く追及し続けた禅研究者・市川白弦の抵抗と挫折、煩悶と憤怒の記録。今なお多くの刺激と示唆に満ちた現代の仏法と王法考察の名著。解説＝石井公成

1300円

ほ-2-1

中世寺院の風景 中世民衆の生活と心性　細川涼一著

中世寺院を舞台に、人々は何を願いどのように生きたのか。小野小町伝説の寺、建礼門院の尼寺、法隆寺の裁判権、橋勧進等の史料に色濃く残る人々の生活・心情を解き明かす。

1300円

さ-3-2

縁起の思想　三枝充悳著

縁起とは何か、縁起の思想はいかに生まれたのか。そして誰が説いたのか。仏教史を貫く根本思想の起源と展開を探究し、その本来の姿を浮き彫りにする。解説＝一色大悟

1400円

さ-5-2

死者の結婚

慰霊のフォークロア

櫻井義秀著

人間社会は結婚をどのようなものとして考え、儀礼化してきたのか。東アジアの死者に対する結婚儀礼の種々の類型を事例に、その社会構造や文化動態の観点から考察する。

1300円

ほ-3-1

ラクダの文化誌

アラブ家畜文化考

堀内勝著

アラブ遊牧民はラクダをどう扱い、共に生きてきたのか。砂漠の民が使うラクダに関する様々な言葉、伝説や文献等の資料、現地調査から、ラクダとアラブ文化の実態を描き出す。

1850円

か-7-1

中世文芸の地方史

川添昭二著

中世九州を素材に地方文芸の展開を中央との政治関係に即して解読。中世文芸を史学の俎上に載せ、政治・宗教・文芸が一体をなす中世社会の様相を明らかにする。解説＝佐伯弘次

1700円

さ-1-2

陰陽道の神々 決定版

斎藤英喜著

泰山府君、牛頭天王、金神、八王子、大将軍、盤古大王、土公神など、冥界や疫病、暦や方位などに関わる陰陽道の神々。忘れられてきたもう一つの「日本」の神々を論じる書。

1500円

お-5-1

涅槃経入門

横超慧日著

釈尊最期の教えを伝える『涅槃経』の成立過程や思想内容をわかりやすく解説した好著。日本の仏教にも多大なる影響を与えた『涅槃経』の真髄とは何か。解説＝下田正弘

1200円

に-2-1

仏教について

西谷啓治著

宗教哲学的思索の土台の上、広く深い視界から現代世界において仏教が抱える問題をやさしい言葉で丁寧にわかりやすく語る。七〇歳代の西谷が語った講演の記録。解説＝氣多雅子

1200円